全国高职高专汽车专业领域人才培养"十三五"规划教材

新能源汽车概论

主 编 刘明岩 李 健
副主编 李 琼 刘 慧 陈晓鹏
　　　　曹 阳

华中科技大学出版社
中国·武汉

内容简介

本书主要以纯电动汽车为主,介绍了新能源汽车的主要装置及充电技术、新能源汽车的使用及安全操作、新能源汽车历史与现状等内容。全书共有六个项目,分别是新能源汽车介绍、新能源汽车分类、电动汽车核心装置、电动汽车充电技术、高压安全操作及救援、电动汽车使用。

本书可作为中高职院校新能源汽车技术专业及相关专业的配套教材和参考书。

图书在版编目(CIP)数据

新能源汽车概论/刘明岩,李健主编. —武汉:华中科技大学出版社,2019.9
全国高职高专汽车专业领域人才培养"十三五"规划教材
ISBN 978-7-5680-5702-8

Ⅰ.①新… Ⅱ.①刘… ②李… Ⅲ.①新能源-汽车-高等职业教育-教材 Ⅳ.①U469.7

中国版本图书馆 CIP 数据核字(2019)第 204192 号

新能源汽车概论 刘明岩 李 健 主编
Xinnengyuan Qiche Gailun

策划编辑:汪 富
责任编辑:刘 飞
封面设计:原色设计
责任监印:周治超
出版发行:华中科技大学出版社(中国·武汉) 电话:(027)81321913
　　　　　武汉市东湖新技术开发区华工科技园　　邮编:430223
录　　排:武汉三月禾文化传播有限公司
印　　刷:武汉华工鑫宏印务有限公司
开　　本:787mm×1092mm　1/16
印　　张:8.5
字　　数:213 千字
版　　次:2019 年 9 月第 1 版第 1 次印刷
定　　价:32.00 元

本书若有印装质量问题,请向出版社营销中心调换
全国免费服务热线:400-6679-118　竭诚为您服务
版权所有　侵权必究

前　言

汽车是国家工业发展水平的标志之一，新能源汽车是新时代汽车工业发展的热点，我国非常重视新能源汽车的研发。随着纯电动汽车和混合动力汽车进入人们的日常生活，各高校也纷纷开设新能源汽车专业或者课程，但是专业刚兴起，相关专业教材较少，本书能够帮助初学者很好地认识新能源汽车并了解相关知识。

本书介绍了新能源汽车的发展历史、纯电动汽车的主要结构及使用方法。全书共六个项目。项目一，新能源汽车介绍，介绍了新能源汽车的定义、分类、特点、历史及发展趋势。项目二，新能源汽车分类，分别从新能源汽车的定义、组成、特点和主要车型等方面介绍了纯电动汽车、混合动力汽车、燃料电池电动汽车、太阳能汽车、天然气汽车和风力汽车。项目三，电动汽车核心装置，介绍了几种常用电池、电动机的结构和原理，以及能量管理与回收系统的工作原理。项目四，电动汽车充电技术，介绍了充电装置类别及其使用要求。项目五，高压安全操作及救援，介绍了电流对人体的伤害、安全用电防护用具及触电应急救援知识等内容。项目六，电动汽车使用，介绍了电动汽车驾驶、电动汽车选购及电动汽车日常维护等内容。

全书编写分工如下：项目一由江西新能源科技职业学院李健老师编写；项目二由吉林电子信息职业技术学院曹阳老师编写；项目三由安徽机电职业技术学院刘明岩老师编写；项目四由湖南工业职业技术学院李琼老师编写；项目五由长沙职业技术学院陈晓鹏老师编写；项目六由随州职业技术学院刘慧老师编写。

由于我国新能源汽车发展历史较短，各大汽车企业的汽车技术相对差异较大，加之编者水平有限，因此书中难免有疏漏和不当之处，敬请广大专家和读者批评指正。

编　者
2019 年 5 月

目　　录

项目一　新能源汽车介绍 ……………………………………………………………… (1)
　　任务1.1　新能源汽车定义 ……………………………………………………………… (1)
　　　　1.1.1　汽车车用新能源的种类 ……………………………………………………… (1)
　　　　1.1.2　新能源汽车的定义 …………………………………………………………… (2)
　　　　1.1.3　新能源汽车的识别 …………………………………………………………… (3)
　　任务1.2　新能源汽车的发展背景 ……………………………………………………… (5)
　　　　1.2.1　石油短缺 ……………………………………………………………………… (5)
　　　　1.2.2　环境污染 ……………………………………………………………………… (6)
　　　　1.2.3　气候变暖 ……………………………………………………………………… (6)
　　　　1.2.4　中国汽车行业发展战略需要 ………………………………………………… (6)
　　任务1.3　新能源汽车的发展历史 ……………………………………………………… (7)
　　任务1.4　新能源汽车发展现状与趋势 ………………………………………………… (13)
　　　　1.4.1　国外新能源汽车发展现状 …………………………………………………… (13)
　　　　1.4.2　国内新能源汽车发展现状 …………………………………………………… (15)
　　　　1.4.3　新能源汽车发展趋势 ………………………………………………………… (16)
　　习题 ……………………………………………………………………………………… (17)
项目二　新能源汽车分类 ……………………………………………………………… (18)
　　任务2.1　纯电动汽车 …………………………………………………………………… (18)
　　　　2.1.1　纯电动汽车定义 ……………………………………………………………… (18)
　　　　2.1.2　纯电动汽车的结构组成与原理 ……………………………………………… (18)
　　　　2.1.3　纯电动汽车的特点 …………………………………………………………… (19)
　　　　2.1.4　纯电动汽车代表车型 ………………………………………………………… (19)
　　任务2.2　混合动力汽车 ………………………………………………………………… (20)
　　　　2.2.1　混合动力汽车的定义 ………………………………………………………… (20)
　　　　2.2.2　混合动力汽车的结构组成与原理 …………………………………………… (20)
　　　　2.2.3　混合动力汽车的特点 ………………………………………………………… (24)
　　　　2.2.4　混合动力汽车代表车型 ……………………………………………………… (24)
　　任务2.3　燃料电池电动汽车 …………………………………………………………… (25)
　　　　2.3.1　燃料电池电动汽车定义 ……………………………………………………… (25)
　　　　2.3.2　燃料电池电动汽车的结构组成与原理 ……………………………………… (25)
　　　　2.3.3　燃料电池电动汽车的特点 …………………………………………………… (27)
　　　　2.3.4　燃料电池电动汽车代表车型 ………………………………………………… (28)
　　任务2.4　太阳能汽车 …………………………………………………………………… (28)
　　　　2.4.1　太阳能汽车定义 ……………………………………………………………… (28)
　　　　2.4.2　太阳能汽车的工作原理 ……………………………………………………… (29)

2.4.3　太阳能汽车的特点 ……………………………………………………… (29)
　　2.4.4　太阳能汽车代表车型 …………………………………………………… (30)
任务2.5　天然气汽车 ……………………………………………………………………… (31)
　　2.5.1　天然气汽车定义 ………………………………………………………… (31)
　　2.5.2　天然气汽车发动机的结构组成与原理 ………………………………… (31)
　　2.5.3　天然气汽车的特点 ……………………………………………………… (33)
　　2.5.4　天然气汽车代表车型 …………………………………………………… (33)
任务2.6　风力汽车 ………………………………………………………………………… (34)
　　2.6.1　风力汽车定义 …………………………………………………………… (35)
　　2.6.2　风力汽车的结构组成与原理 …………………………………………… (35)
　　2.6.3　风力汽车的特点 ………………………………………………………… (35)
　　2.6.4　风力汽车代表车型 ……………………………………………………… (35)
习题 ………………………………………………………………………………………… (36)

项目三　电动汽车核心装置 …………………………………………………………………… (37)
任务3.1　电动汽车储能装置 ……………………………………………………………… (37)
　　3.1.1　动力电池分类和电池性能指标 ………………………………………… (37)
　　3.1.2　铅酸蓄电池 ……………………………………………………………… (41)
　　3.1.3　镍氢电池 ………………………………………………………………… (43)
　　3.1.4　锂离子电池 ……………………………………………………………… (45)
　　3.1.5　超级电容电池 …………………………………………………………… (48)
任务3.2　电动汽车动力装置 ……………………………………………………………… (50)
　　3.2.1　驱动电动机概述 ………………………………………………………… (50)
　　3.2.2　直流电动机 ……………………………………………………………… (52)
　　3.2.3　交流异步电动机 ………………………………………………………… (53)
　　3.2.4　永磁同步电动机 ………………………………………………………… (55)
　　3.2.5　开关磁阻电动机 ………………………………………………………… (57)
任务3.3　能量管理与回收系统 …………………………………………………………… (61)
　　3.3.1　电池管理系统 …………………………………………………………… (61)
　　3.3.2　能量回收系统 …………………………………………………………… (63)
习题 ………………………………………………………………………………………… (65)

项目四　电动汽车充电技术 …………………………………………………………………… (67)
任务4.1　充电装置 ………………………………………………………………………… (67)
　　4.1.1　电动汽车充电方式 ……………………………………………………… (67)
　　4.1.2　电动汽车充电设备 ……………………………………………………… (68)
　　4.1.3　充电接口和通信协议 …………………………………………………… (70)
　　4.1.4　电动汽车充电设备的发展趋势 ………………………………………… (72)
任务4.2　充电机 …………………………………………………………………………… (72)
　　4.2.1　电动汽车车载充电机 …………………………………………………… (73)
　　4.2.2　充电桩 …………………………………………………………………… (75)
　　4.2.3　电动汽车充电站 ………………………………………………………… (76)

  4.2.4　新能源汽车无线充电技术 ………………………………………………… (77)
 任务 4.3　充电装置使用要求 ……………………………………………………… (80)
  4.3.1　电动汽车充电机的技术要求 ………………………………………………… (80)
  4.3.2　电动汽车对充电站的要求 …………………………………………………… (81)
  4.3.3　充电桩的安全及社会问题 …………………………………………………… (82)
 习题 ………………………………………………………………………………… (87)

项目五　高压安全操作及救援 (88)
 任务 5.1　电流对人体的伤害 ……………………………………………………… (88)
  5.1.1　电流对人体产生伤害的原因 ………………………………………………… (88)
  5.1.2　电流频率对人体的伤害 ……………………………………………………… (92)
 任务 5.2　安全防护用具 …………………………………………………………… (96)
  5.2.1　个人安全防护用具及使用注意事项 ………………………………………… (96)
  5.2.2　绝缘维修工具及使用 ………………………………………………………… (100)
 任务 5.3　触电应急救援 …………………………………………………………… (101)
  5.3.1　触电应急救援流程 …………………………………………………………… (101)
  5.3.2　现场心肺复苏 ………………………………………………………………… (103)
  5.3.3　人工呼吸 ……………………………………………………………………… (104)
 习题 ………………………………………………………………………………… (106)

项目六　电动汽车使用 (107)
 任务 6.1　电动汽车驾驶 …………………………………………………………… (107)
  6.1.1　仪表盘 ………………………………………………………………………… (107)
  6.1.2　启动开关 ……………………………………………………………………… (111)
  6.1.3　挡位执行器 …………………………………………………………………… (111)
  6.1.4　车辆充电接口 ………………………………………………………………… (112)
 任务 6.2　电动汽车选购 …………………………………………………………… (115)
  6.2.1　电动汽车消费者质量满意指数 ……………………………………………… (115)
  6.2.2　电动汽车品牌 ………………………………………………………………… (115)
  6.2.3　电动汽车车型 ………………………………………………………………… (117)
  6.2.4　电动汽车配置 ………………………………………………………………… (117)
  6.2.5　其他配置 ……………………………………………………………………… (120)
  6.2.6　电动汽车售后服务 …………………………………………………………… (120)
 任务 6.3　电动汽车日常维护 ……………………………………………………… (121)
  6.3.1　电动汽车的行车技巧 ………………………………………………………… (121)
  6.3.2　电动汽车的日常保养 ………………………………………………………… (122)
  6.3.3　电动汽车的节能技巧 ………………………………………………………… (124)
  6.3.4　蓄电池维护 …………………………………………………………………… (125)
 习题 ………………………………………………………………………………… (126)

参考文献 (127)

项目一　新能源汽车介绍

任务 1.1　新能源汽车定义

【知识目标】

1. 掌握新能源汽车的定义。
2. 掌握新能源汽车的识别方法。

【能力目标】

1. 能够正确描述新能源汽车的定义。
2. 能够正确判断某款汽车是不是新能源汽车。

【任务引入】

对于图 1-1、图 1-2，相信很多人都不陌生，马上就能说出"新能源汽车"。当今社会，新能源汽车已成为一个社会热点，几乎人人都能谈论几句有关新能源汽车的政策、新闻、车型等信息。那么，什么车可以算是新能源汽车？如何准确判断某辆车是不是新能源汽车？下面我们就带着这些疑问一起来学习新能源汽车的相关知识吧！

图 1-1　比亚迪-元 EV360

图 1-2　特斯拉

【任务实施】

1.1.1　汽车车用新能源的种类

汽车车用新能源主要包括电能、氢能源、天然气（液化石油气 LPG、压缩天然气 CNG）、醇类燃料、二甲醚、太阳能等，表 1-1 为各种汽车可利用新能源的优缺点比较。

表 1-1　各种汽车可利用新能源的优缺点比较

新能源	优 点	缺 点
电能	1. 来源丰富 2. 无污染,噪声小 3. 结构简单,维修方便	1. 动力电池能量密度小,汽车续驶里程短 2. 质量大,使用寿命较短,成本较高 3. 充电时间长
氢能源	1. 来源丰富 2. 无污染 3. 热值高	1. 氢生产成本高 2. 储运难度高 3. 需专用发动机
天然气	1. 来源丰富 2. 污染小 3. 热值高	1. 需配套设施,投资大 2. 能量密度小,续驶里程受限 3. 储运不便 4. 动力性略差
醇类燃料	1. 来源丰富 2. 污染小 3. 辛烷值高	1. 有毒性 2. 对金属及橡胶件有腐蚀作用 3. 冷启动性能差
二甲醚	1. 来源丰富 2. 污染小 3. 十六烷值高	1. 有毒性 2. 动力性略差 3. 储运不便 4. 成本较高
太阳能	1. 来源丰富,可再生 2. 无污染	1. 效率低 2. 成本高 3. 易受环境影响

1.1.2　新能源汽车的定义

新能源汽车的英文为"new energy vehicles",根据我国 2009 年 7 月 1 日正式实施的《新能源汽车生产企业及产品准入管理规则》,新能源汽车是指采用非常规的车用燃料作为动力来源(或使用常规的车用燃料、采用新型车载动力装置),综合车辆的动力控制和驱动方面的先进技术,形成的技术原理先进,具有新技术、新结构的汽车。该规则指出新能源汽车包括混合动力汽车、纯电动汽车(BEV,包括太阳能汽车)、燃料电池电动汽车(FCEV)、氢发动机汽车、其他新能源(如高效储能器、二甲醚)汽车等各类别产品。

注:非常规的车用燃料是指除汽油、柴油、天然气(NG)、液化石油气(LPG)、乙醇汽油(EG)、甲醇、二甲醚之外的燃料。

随着科技的发展,技术的更新换代,对于新能源汽车也有不同的定义。《节能与新能源汽车产业发展规划(2012—2020 年)》中明确指出:新能源汽车是指采用新型动力系统,完全或主要依靠新型能源驱动的汽车。新能源汽车主要包括纯电动汽车、插电式混合动力汽车及燃料电池汽车。

工业和信息化部、国家税务总局发布《免征车辆购置税的新能源汽车车型目录》(自 2014 年 9 月 1 日至 2017 年 12 月 31 日),指出新能源汽车必须同时符合以下条件:

(1)获得许可在中国境内销售的纯电动汽车、插电式(含增程式)混合动力汽车、燃料电池汽车。

(2)使用的动力电池不包括铅酸电池。

(3)纯电动续驶里程须符合新能源汽车纯电动续驶里程要求。

(4)插电式混合动力乘用车综合燃料消耗量(不含电能转化的燃料消耗量)与现行的常规燃料消耗量国家标准中的对应目标值相比小于60%;插电式混合动力商用车综合燃料消耗量(不含电能转化的燃料消耗量)与现行的常规燃料消耗量国家标准中的对应限值相比小于60%。

(5)通过新能源汽车专项检测,符合新能源汽车标准要求。

1.1.3 新能源汽车的识别

1. 新能源汽车外观特征和类型识别

通常情况下,从外观上就能判断一辆汽车是传统汽车、纯电动汽车还是混合动力汽车。

(1)如果是纯电动汽车,通常车辆上有 EV 等字样的标识(见图1-3)。

(2)如果是混合动力汽车,在汽车的尾部或前翼子板上通常有 HYBRID 或 H 类字样的标识(见图1-4)。

图1-3 纯电动汽车标识

图1-4 混合动力汽车标识

(3)纯电动汽车和插电式混合动力汽车,需要通过外部充电的方式来获取电能,因此可以通过充电口这个特征进行判别(见图1-5)。

2. 新能源汽车主要部件位置识别

(1)打开纯电动汽车前机舱。

打开新能源汽车前机舱盖(见图1-6),如果是纯电动汽车,将不再有内燃机的存在,取而代之的是驱动电动机的控制器,以及用于充电或者分配电能的一些控制组件,其中最直观的应该是还有很多橙色的高压电缆。

图1-5 纯电动汽车

图1-6 纯电动汽车前机舱

(2)打开混合动力汽车前机舱。

如果是油电混合动力汽车,将会发现在内燃机的旁边还会有橙色电缆以及用于控制电动机的控制器部件(见图1-7)。

(3)举升车辆或打开后备箱识别动力电池位置。

①纯电动汽车动力电池位置。

一般情况下,由于纯电动汽车采用的动力电池体积(容量)较大,因此布置在车辆底部的较多,可以在举升车辆后直接观察到电池的位置(见图1-8)。

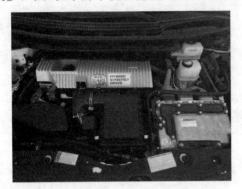 

图1-7 电动机控制器位置　　　　　　　图1-8 纯电动汽车动力电池位置

②混合动力汽车动力电池位置。

混合动力汽车搭载的动力电池体积(容量)比纯电动汽车的小,通常布置在后备厢前部区域(见图1-9)。

例如,丰田普锐斯的动力电池布置在后备厢的后排座位下,动力电池是全封闭式的镍氢电池。

(4)新能源汽车底盘的其他机构识别。

以普锐斯为例,举升车辆还可以看到底盘的其他机构(见图1-10)。

图1-9 混合动力汽车动力电池位置　　　　图1-10 普锐斯底盘的其他机构

变频器的正下方是驱动桥,包含交流500 V的电动机、发电机、行星齿轮、减速齿轮和主减速齿轮。

(5)认识新能源汽车仪表的特点。

纯电动汽车的仪表上不再有发动机转速表,取而代之的一般是电动机的输出功率表。

混合动力汽车虽然保留了发动机转速表,但是上面通常还会增加一些特殊的具有混合动力标识的指示(见图1-11)。

图 1-11　比亚迪-秦的仪表（混合动力）

3. 新能源汽车的主要标识位置查找与内容识别

新能源汽车车辆标识包括：

(1) 车辆识别代号(VIN)。

(2) 变速器代号。

(3) 驱动电动机代号。

(4) 车辆标牌。

任务 1.2　新能源汽车的发展背景

【知识目标】

1. 了解新能源汽车的发展背景。

2. 了解我国发展新能源汽车的特殊背景。

【能力目标】

1. 能够讲述发展新能源汽车的必要性。

2. 能够讲述我国发展新能源汽车的特殊原因。

【任务引入】

任何事物的发展都有其原因，新能源汽车的发展也不例外，学习下面的知识了解新能源汽车发展的原因。

【任务实施】

在汽车发展史上，属于新能源汽车的电动汽车几经沉浮，由于社会经济及技术等原因，电动汽车无法与以石油能源为燃料的内燃机汽车相提并论。不过，在新的历史时期，特定的社会环境背景下，新能源汽车迎来了新的发展机遇。

1.2.1　石油短缺

石油是不可再生资源，根据法国专家贾内西尼的预测，目前全球已探明的石油资源只够使用36～40年(按目前消费速度计算)。石油在交通领域的消费确实在逐年增长。据预测，到2020年交通领域用油占全球石油消耗的60%以上。

我国是一个石油短缺的国家，但是汽车的产销量已连续几年居全球第一，每年仅汽车对石油的消耗量就相当大。随着经济的发展，对石油资源需求激增，能源供需矛盾日益突出，每年都需要大量进口石油，这就为我国能源安全带来了巨大压力与隐患。长此以往，我国汽车产业发展将受到限制，经济发展也将面临停滞不前的状态。

1.2.2 环境污染

世界卫生组织指出，全球大多数城市的空气质量指数未能达到该组织的建议标准。城市污染源主要是汽车尾气的排放及煤、石油和天然气的燃烧产物。

燃油汽车尾气中含有一氧化碳(CO)、碳氢化合物(HC)、氮氧化物(NO_x)、铅(Pb)、细微颗粒物及硫化物等，不但污染环境，还大大地影响了人类健康。这些一次污染物还会通过大气化学反应生成光化学烟雾、酸沉降等二次污染物。全球大气污染42%源于交通车辆产生的污染。随着城市机动车数量的快速增长，机动车排气污染已成为城市大气污染的主要"贡献者"。一些城市机动车排放的污染物对多项大气污染指标的"贡献率"已达到70%。机动车排放污染已对城市大气污染构成了严重威胁。除了汽车尾气会给环境带来不好的影响，汽车在生产、使用至报废过程中都会对环境造成污染。

因此，必须研究改善城市机动车排放污染的对策和措施。开发新能源汽车，减少环境污染是汽车发展的趋势。

1.2.3 气候变暖

化石燃料的使用会产生大量的CO_2，尽管CO_2对环境不会产生毒害作用，但作为温室气体的CO_2激增会造成全球气候变暖。据科学家预测，未来全球平均地表温度将上升1.4～5.8℃。

随着汽车行业的发展，交通领域CO_2的排放量占比越来越高，有数据显示2013年交通领域CO_2排放量占全球总排放量的23%。能源行业产生的CO_2占比达到66.7%，控制消费和节约能源成为减少CO_2排放的重要途径。为减少汽车对全球CO_2排放的影响，各国都出台了相关政策，限制汽车CO_2的排放，迫使企业发展新技术，使用新能源。

在能源和环境的双重压力下，发展新能源汽车是汽车工业发展的必然趋势。

1.2.4 中国汽车行业发展战略需要

我国汽车工业发展于20世纪50年代，比西方国家晚近50年，受制于当时国情及工业落后的状况，汽车发展一直落后于发达国家，不能掌握核心技术。改革开放后，我国发展汽车工业，国家以市场换技术，开启了合资车企的时代。这么多年过去了，我国汽车保有量早就超过美国，成为世界汽车保有量第一大国，结果还是以核心技术依旧没有掌握为结局。而新能源汽车是一个全新的领域，能够摆脱传统燃油车的桎梏，且各国的起点都差不多，适合我国汽车行业的发展。政府希望改变我国传统汽车行业大而不强的局面，推动我国汽车行业的发展，实现汽车行业"弯道超车"的目标。因此在我国发展新能源汽车势在必行。

任务1.3 新能源汽车的发展历史

【知识目标】

了解新能源汽车的发展历史。

【能力目标】

能够描述新能源汽车发展过程中的五个阶段。

【任务引入】

虽然新能源汽车发展至今不到200年,但它的发展历程波澜起伏,下面我们来了解一下。

【任务实施】

虽然说现在新能源汽车处于一个蓬勃发展的时期,但是新能源汽车的发展历程却是一波三折,大体可以分为五个阶段,下面对这五个阶段进行简单介绍。

第一阶段 电动汽车的发明

1834年,托马斯·达文波特(Thomas Davenport)制造了一辆电动三轮车(见图1-12),它由一组不可充电的干电池驱动,只能行驶一小段距离。

图1-12 托马斯·达文波特制造的电动三轮车

1839年,苏格兰的罗伯特·安德森给四轮马车装上了电池和电动机,将其成功改造为世界上第一辆靠电力驱动的车辆(见图1-13)。1842年,罗伯特·安德森又与托马斯·达文波特合作,采用不可充电的玻璃封装蓄电池,开创了电动车辆发展和应用的历史。

1847年,美国人摩西·法莫制造了第一辆以蓄电池为动力并可乘坐两人的电动汽车。

第二阶段 电动汽车的发展

1873年,英国人罗伯特·戴维森用电池作为动力发明的电动汽车,成为世界上最初可供实用的电动汽车(见图1-14)。

图1-13 罗伯特·安德森制造的电动四轮马车

图1-14 罗伯特·戴维森发明的电动汽车

1880年，爱迪生制造出一辆时速20 mile(时速约32 km,1 mile=1.609 km)的电动汽车（见图1-15）。

1881年11月，法国人古斯塔夫·特鲁夫在巴黎展出了一台电动三轮车。加上乘员后总质量达到了160 kg，时速达到了12 km。1882年，威廉姆·爱德华·阿顿和约翰·培理也制造出一辆电动三轮车，车上还配备了照明灯。这辆车的总质量提高到了168 kg，时速提高到了14.5 km。

1888年，英国华德电气公司制造了一辆时速可达11 km的电动公共汽车。

1890年，威廉姆·莫瑞逊在美国制造出一辆能行驶13 h、车速为14 mile/h的电动汽车。

1891年，美国人亨利·莫瑞斯(Henry Morris)制造了一辆电动四轮车，实现了从三轮向四轮实用化的转变，这是电动汽车向实用化方向迈出的重要一步。

1895年，亨利·莫瑞斯和皮德罗·沙龙(Pedro Salom)制造了ElectrobatⅡ电动汽车（见图1-16），它安装了两台驱动电动机，能以20 mile/h的速度行驶25 mile。

图1-15　爱迪生和他制造的电动汽车

图1-16　ElectrobatⅡ电动汽车

1897年，美国费城电车公司研究制造的纽约电动出租车实现了电动汽车的商用化运营（见图1-17）。

图1-17　第一辆载人电动汽车

1899年，贝克汽车公司在美国成立，生产电动汽车。公司生产的电动赛车（见图1-18）的车速能超过120 km/h，而且是第一辆座位上装有安全带的乘用车。

图1-18　纯电动汽车参加汽车竞赛

1899年5月，一个名叫卡米勒·杰纳茨（Camille Jenatzy）的比利时人驾驶一辆以44 kW双电动机为动力的后轮驱动的子弹头型电动汽车（见图1-19），创造了时速68 mile（约110 km）的记录，并且续驶里程达到了约290 km。这也是世界上第一辆时速超过100 km的汽车。

图1-19　卡米勒·杰纳茨驾驶的子弹头型电动汽车

1900年，BGS公司生产的电动汽车创造了单次充电行驶180 mile（约288 km）的最长里程纪录。

第三阶段　电动汽车的繁荣

19世纪末到1920年是电动汽车发展的一个高峰阶段。

据统计，到1890年在全世界4200辆汽车中，38％为电动汽车，40％为蒸汽机汽车，22％为内燃机汽车。1900年，美国制造的汽车中，电动汽车为15755辆，蒸汽机汽车为1684辆，而汽油机汽车只有936辆。

到了1911年，就已经有电动出租汽车在巴黎和伦敦的街头上运营（见图1-20）。美国首先实现了早期电动汽车的商业运营，成为电动汽车发展最快、应用最广的国家。

图1-20　电动汽车在出租车领域得到应用

到了 1912 年，已经有几十万辆电动汽车遍及全世界，被广泛使用于出租车、送货车、公共汽车等领域（见图 1-21）。据统计，1912 年，在美国登记的电动汽车数量达到了 34000 辆。电动汽车产销量在 1912 年达到最大，在 20 世纪 20 年代仍有不俗表现。图 1-22 所示为 1910 年的电动汽车广告。

图 1-21 公共交通领域使用的电动汽车

图 1-22 1910 年的电动汽车广告

1916 年 8 月，世界第一辆油电混合动力电动汽车问世。这款车和现代汽车外形结构很接近。

1920 年，美国发明家在早期混合动力电动汽车设计基础上安装了最早的制动力回收系统。

第四阶段　电动汽车的衰落

在美国得克萨斯州发现了石油，使得汽油价格下跌，大大降低了汽油车的使用成本。在 1890—1920 年期间，全世界石油生产量增长了 10 倍。

1911 年，查尔斯·科特林（Charles Kettering）发明了内燃机自动启动技术；1908 年，福特（Ford）汽车公司推出了 T 型车，并开始大批量生产，内燃机汽车的成本大幅度下降；1912 年电动汽车售价 1750 美元，而汽油车只要 650 美元。

1913 年，福特建立了内燃机汽车装配流水线，几乎使装配速度提高了 8 倍，最终使每个工作日每隔 10 s 就有一台 T 型车驶下生产线。内燃机汽车进入了标准化、大批量生产阶段。福特以大批量流水线生产方式生产汽油车使得汽油车价格更加低廉，使其价格从 1909 年的 850 美元降到了 1925 年的 260 美元。内燃机汽车应用方便、价格低廉的优点逐步显现。

虽然同一时期电动汽车用的动力电池技术也在飞速发展，在 1910—1925 年间，电池存储的能量提高了 35％，寿命增长了 300％，电动汽车的续驶里程增长了 230％，与此同时，价格降低了 63％，但汽油的质量能量密度是电池的 100 倍，体积能量密度是电池的 40 倍。在使用性能方面，燃油汽车的续驶里程是电动汽车的 2～3 倍，动力电池充电时间也明显长于内燃机汽车燃油的加注时间。

电动汽车续驶里程短、充电时间长成为它无法与内燃机汽车相抗衡的致命因素。道路交通系统的改善，导致对长距离运输车辆的需求不断增加，电动汽车的黄金时代仅仅维持了 20 多年，便走向衰退。

第一次世界大战后，电力牵引技术应用的重点转移到公共交通领域，如火车、有轨电车和无轨电车。随着内燃机汽车设计和制造技术的发展，在很多地区，有轨电车和无轨电车也逐步被柴油驱动的内燃机汽车取代了。20 世纪 20 年代，电动汽车几乎消失了。

第五阶段 电动汽车的复苏

第二次世界大战后,欧洲和日本的石油供给紧张,电动汽车在局部地区出现了复苏迹象。1943年,仅仅在日本就有3000多辆电动汽车处于注册状态。

20世纪40年代,电动汽车续驶里程只有50~60 km,最高时速仅为30~35 km/h,其性能仅能满足短途、低速运输的需要。

进入20世纪60年代,内燃机汽车大批量使用导致了严重的空气污染。不仅如此,更严重的是内燃机汽车对石油的过分依赖,导致一系列的政治问题和国家安全问题。20世纪70年代初期,世界石油危机对美国乃至世界经济产生了重大影响,而电动汽车由于其良好的环保性能和能摆脱对石油的依赖性,重新得到社会各界的重视。

1959年,一款名为"Charles Town-About"的电动汽车出现,其续驶里程为128 km。同年,第一辆以燃料电池为动力的农用拖拉机诞生。

1972年,德国戴姆勒-奔驰汽车公司生产了一批电池可替换的LE306电动汽车(见图1-23),该汽车采用铅酸电池。

1976年,美国国会通过了《纯电动汽车和混合动力电动汽车的研究开发和样车试用法令》(The Electric and Hybrid Vehicle Research Development and Demonstration),拨款1.6亿美元资助电动汽车的开发。

图1-23 奔驰LE306电动汽车

1977年,第一次国际电动汽车会议在美国举行,公开展出了100多辆电动汽车。1978年,美国通过《第95—238公法》,予以修订增加对电动汽车研发的拨款,政府同时责成能源部电力研究所与电力公司加快研制电动汽车的技术,并加大资金投入,责成阿岗国家实验室与电池公司合作研制供电动汽车用的高性能蓄电池。从此,国际上开始了第二轮电动汽车研发高潮。

1988年,在美国洛杉矶地区的市议会上曾有人提出,引入国际竞争机制,进行年产10000辆电动车辆,包括5000辆卡车和5000辆两座乘用车并推向市场的计划。继洛杉矶倡议之后,1989年12月13日,加利福尼亚州空气资源委员会(CARB)对汽车排放制定了规划,该项规划要求到20世纪90年代,在加利福尼亚州销售的所有车辆中,有2%要符合零排放(zero-emission)标准,满足该标准的车辆只能是纯电动汽车或氢燃料电池电动汽车。随后,美国纽约、马萨诸塞等州也颁布了类似的法律。

20世纪80年代末,意大利建立了电动汽车车队,共投入52辆电动汽车试验,所有车均用铅酸电池。1990年菲亚特汽车公司生产"熊猫"电动汽车,车身自重为1330 kg,车速为70 km/h,续驶里程为100 km,采用铅酸电池,或改用镍镉电池,车速可达100 km/h,续驶里程达180 km。

1991年,美国通用汽车公司、福特汽车公司和克莱斯勒汽车公司共同倡议,成立了美国先进电池联盟(USABC),共同研究开发新一代电动汽车所需要的高能电池。1991年10月,USABC与美国能源部签订协议,在1991—1995年的四年间投资2.26亿美元来资助电动汽车的车用高能电池的研究。1991年10月，美国电力研究院(ERPI)也参加了 USABC 来参与高能电池与电动汽车的开发，主要开发包括镍-氢、钠-硫、锂聚合物和锂离子等高能电池。其中镍-氢、锂聚合物和锂离子电池将投入商业化生产。图1-24所示为美国通用汽车公司生产的电动汽车。

图 1-24 美国通用汽车公司生产的电动汽车

1996年，美国通用汽车公司生产 EV-1(纯电动汽车)电动轿车，EV-1 的电池重近 500 kg。通用汽车公司使用了很多方法来为车身减重。不过即便如此，EV-1 的总重也接近了 1.4 t。图 1-25 所示为 EV-1 电动轿车内部结构透视图。

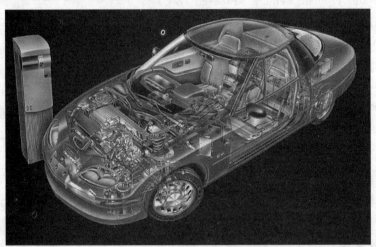

图 1-25 EV-1 内部结构透视图

EV-1 车型的理论单次充电续驶里程是 80~112 km，而二代镍-氢电池车辆理论上可行驶 120~208 km。充电可采用磁感应充电装置，15 h 充满，EV-1 还另配一套传统的电源充电系统，镍-氢电池可以在 2~3 h 充电 80%，理论上需要 4 h 充满。受充电时间、续驶里程等因素的影响，通用汽车公司最终停止了项目，回收了所有出租车辆，销毁了其中的绝大多数，剩下的一些送去了博物馆。

1993年，加拿大 Ballard 电力公司展示了一辆零排放、最高时速为 72 km/h、以质子交换膜燃料电池(PEMFC)为动力的公交车，引发了全球性燃料电池电动汽车的研究开发热潮。到 20 世纪末，直接以醇类为燃料的燃料电池成为研究与开发的热点，受到了世界各国的广泛重视,并取得了长足的进展。

1997年,日本丰田汽车公司推出的PRIUS(普锐斯),是世界上第一个大规模生产的混合动力电动汽车,随后在2001年销往世界各地。

自此之后,世界各大汽车公司和新兴车企拉开了研发新能源汽车的序幕,新能源汽车重新登上了舞台。

任务1.4　新能源汽车发展现状与趋势

【知识目标】
1. 了解新能源汽车的发展现状。
2. 了解新能源汽车的发展趋势。

【能力目标】
1. 能够简述国内外新能源汽车的发展现状。
2. 能够熟记新能源汽车的发展趋势。

【任务引入】
新能源汽车发展是必然趋势,各国发展如火如荼,那么现在国内外新能源汽车发展到什么地步了?取得了什么成就?新能源汽车究竟会朝着什么方向发展下去?带着这些疑问来学习接下来的内容吧!

【任务实施】
自2008年经济危机以来,受环境保护压力、能源形式的影响,世界各主要汽车生产国,均将新能源汽车列为战略性新兴产业。目前,新一轮新能源汽车研发、示范和产业化已经开始,并且得到各国政府和企业的高度重视。

1.4.1　国外新能源汽车发展现状

1. 美国

通用、福特和克莱斯勒三大品牌曾是美国汽车市场的领导者,近年来,尤其是国际金融危机发生以来,此格局发生了很大变化。日系、欧系,甚至是韩系车在美国市场步步为营,再加上石油资源压力和日益盛行的环保要求,美国开始在新能源汽车领域发力。

美国政府出台了一系列政策推动新能源汽车的发展。通过进一步制定严格的汽车燃油排放标准和新能源汽车政策,以及通过政府采购节能汽车,消费者购买节能汽车减税,设立新能源汽车的政府资助项目,投资促进新能源汽车基础设施建设等策略,美国政府进一步推动汽车产品朝着小型化和低能耗的方向发展,斥巨资支持动力电池、关键零部件的研发和生产,支持充电基础设施建设,消费者购车补贴和政府采购。美国还设立了一个总额为250亿美元的基金,以低息贷款方式支持厂商对节能和新能源汽车的研发和生产,目标是使每年的汽车燃油经济性提高一倍。所有新能源政策,更加明确了研发汽车新产品的方向和目标。据统计,美国有超过24家制造商开始制造或计划推出电动汽车。

2009年,美国电动汽车产业链上的各方发起成立了美国电动汽车联盟(the electrification coalition,即EC)。美国电动汽车联盟主要致力于从政策和行动上推动大规模实施电动汽车计划,最终改变美国经济、环境和对化石能源严重依赖的现状,实现美国电动汽车运输的革命性变化。

目前从市场表现来看,美国汽车公司中雪佛兰和特斯拉表现突出。特别是异军突起的特斯拉,特斯拉电动汽车在全球排名数一数二,掀起了电动汽车的热潮。2003年成立的特斯拉公司是一家专门生产纯电动汽车的汽车公司,生产的几大车型包含 Tesla Roadster、Tesla Model S、Tesla Model X、Tesla Model 3。特斯拉汽车公司是世界上第一个采用锂离子电池的电动汽车公司,其推出的首部电动汽车为 Tesla Roadster。从2008年至2012年,公司在31个国家销售超过2250辆 Roadster。2016年,特斯拉纯电动汽车销量达66213辆。2017年累计销量103122辆。其中,Tesla Model 3 销量近期已突破2万辆。2018年7月10日,特斯拉落户上海,上海市政府和美国特斯拉公司签署合作备忘录。

2. 日本

日本是全世界新能源汽车的产业化成果最好的国家。在新能源汽车方面,日本主要走混合动力电动汽车的技术路线。日本在混合动力电动汽车技术领域,处于世界领先地位。以丰田普锐斯为代表的日本混合动力电动汽车,在世界低污染汽车开发销售领域已经占据了领头地位。据丰田公司官方数据,截至2017年1月底,丰田系列混合动力车型全球累计销量达1004.9万辆,其中普锐斯混合动力电动汽车贡献最大。除丰田外,其他几家日本汽车企业也在开发新一代新能源动力汽车,如本田的 Insight IMG 混合动力汽车、日产 Leaf 和三菱 i-MiEV 纯电动汽车等。

日本新能源汽车快速发展的主要原因是政策扶持和先进的技术。

1965年,日本正式把电动汽车列入国家项目,开始研制电动汽车。1967年成立电动汽车协会,促进电动汽车事业的发展。1971年,日本通产省制定了《电动汽车的开发计划》,投入巨额资金支持新能源汽车研发。1993年,实施"世界能源网络"计划,深入研究氢及其基础实施技术。1997年,实施地方税优惠政策,"自动车取得税"减轻。2006年,颁布《新能源战略》。2007年,颁布《新一代汽车及燃料计划》。日本从2009年4月1日起实施"绿色税制",同年6月启动了"新一代汽车"计划。

在技术方面,日本占据了混合动力汽车和电动汽车技术的前沿。日本锂电池产业占据重要地位。从电动汽车核心技术的专利情况看,全球绝大多数的专利技术属于日本。

3. 德国

德国在新能源汽车方面也做出了重要贡献。宝马也是氢动力发动机车型研究的先行者,早在2004年宝马所研发的 H2R 赛车就在法国南方小镇 Miramas 高速赛道创造了9项世界纪录。2007年,其向外界推出了7系氢动力车型,所用发动机是基于宝马760i的6.0LV12发动机改进而来,按照双模式驱动的要求,在汽油模式下燃油通过直接喷射供应,同时在发动机进气系统中集成了氢供应管路。

德国政府表示,到2020年,可再生能源要占全部能源消耗的47%,因此,2020年德国境内的新能源汽车要超过100万辆。在2009年年初德国政府通过的500亿欧元的经济刺激计划中,很大一部分用于电动汽车研发、"汽车充电站"网络建设和可再生能源开发。

进入21世纪,国外各大汽车公司纷纷制定新的新能源汽车开发计划。在这个"环保竞技场"上,通用、奔驰、大众、宝马、丰田、本田、福特、克莱斯勒、日产等先行者,当仁不让地扮演了新能源车研发的主角。

1.4.2 国内新能源汽车发展现状

2001年,新能源汽车研究项目被列入国家"十五"期间的"863"重大科技课题。

2006年6月,"十一五"的"863"计划节能与新能源汽车重大项目通过论证。

2006—2007年,中国新能源汽车产业取得了重大的发展,中国自主研制的纯电动、混合动力和燃料电池三类新能源汽车整车产品相继问世;混合动力和纯电动客车实现了规模示范;纯电动汽车实现批量出口;燃料电池轿车研发进入世界先进行列。

2008年,新能源汽车在国内已呈全面出击之势。比亚迪、奇瑞、吉利、长安、哈飞等车企,纷纷在各大国际车展上频频亮相,展出了自行研发的燃料电池汽车及混合动力汽车。

2008年,595辆新能源汽车助力北京奥运会、残奥会;2010年上海世博会期间,也有超过1000辆新能源汽车在世博场馆和周边运行。

2009年,财政部、科技部发布了《关于开展节能与新能源汽车示范推广试点工作的通知》,决定在北京、上海、重庆、长春、大连、杭州、济南、武汉、深圳、合肥、长沙、昆明、南昌共13个城市开展节能与新能源汽车示范推广试点工作,后增至25个城市。目前新能源汽车推广示范城市已达88个。

2014年2月,政府发布了《关于进一步做好新能源汽车推广应用工作的通知》,该通知确定了新能源汽车补贴范围和标准。

在一系列的国家和地方政府出台的相关政策引导下,我国新能源汽车行业迎来了蓬勃发展。我国新能源汽车车企除了传统汽车企业,如比亚迪、吉利、北汽、奇瑞、江淮、江铃等,还有互联网行业跨界造车新势力的加入,如蔚来、小鹏、威马、云度、拜腾、合众等。

2017年,乘联会数据显示,新能源乘用车全年共销售56万辆,其中纯电动乘用车累计销售45万辆,插电式混合动力乘用车累计销售11万辆。2017年新能源乘用车累计销量突破10万辆的车企有两家,其中比亚迪累计销售113669辆,占比20.30%,夺得冠军;北汽新能源累计销售103199辆,占比18.43%,夺得亚军。2017年,累计销量过万的纯电动乘用车有17款,其中北汽EC系列累计销量达到了78079辆,占比17.40%,夺得了第一。

2017年,全球共销售了超过一百万辆电动轿车,创造了新的纪录,相比2016年增加了54%。中国销售了全球电动轿车总量的一半,比第二大市场美国的销售量大一倍。

从表1-2中可以看出,我国新能源汽车销量逐年上升,所占市场份额逐渐增大。2018年新能源车的补贴大幅度的退坡和双积分政策的实施、进口关税的降低、外资企业进入国内市场(特斯拉落户上海)对新能源汽车企业而言机遇与挑战并存。

由于市场基础与国家政策将有更大规模的提升和改善,因此,新能源汽车市场的增长速度将维持这种高速增长的态势。同时,随着充电设施的改善,以及新能源汽车大量使用到各类租车市场,新能源汽车的消费理念将日渐深入人心。表1-2所示为2011—2017年我国新能源汽车销量情况。

表1-2 我国新能源汽车销量情况

年 份	新能源汽车销量	同比增长	汽车总销量	同比增长	新能源汽车占比
2011年	0.82万辆	/	1850.51万辆	2.46%	0.044%
2012年	1.28万辆	56.10%	1930.64万辆	4.33%	0.066%
2013年	1.76万辆	37.5%	2198.41万辆	13.87%	0.08%

续表

年　份	新能源汽车销量	同比增长	汽车总销量	同比增长	新能源汽车占比
2014年	7.48万辆	324.79%	2349.19万辆	6.86%	0.318%
2015年	33.11万辆	342.86%	2459.8万辆	4.71%	1.346%
2016年	50.7万辆	53%	2802.82万辆	13.65%	1.8%
2017年	77.7万辆	53.3%	2887.9万辆	3.04%	2.7%

1.4.3　新能源汽车发展趋势

根据目前新能源汽车发展状况,新能源汽车主要有以下发展趋势。

(1)突破电池技术是关键。虽然目前国际主流车企均采用性能更突出的高镍三元锂电池,但是还是不能与石油相提并论,依然不能解决续驶里程不能满足要求的问题。另外,动力电池的安全问题也亟须解决,动力电池成为电动汽车发展的瓶颈。

(2)驱动电动机呈多样化发展。美国倾向于采用交流感应电动机,其主要优点是结构简单、可靠,质量较小,但控制技术较复杂。中国、日本多采用永磁同步电动机,优点是效率高,启动转矩大,质量较小,但成本高,且有高温退磁、抗震性较差等缺点。德国、英国等大力开发开关磁阻电动机,优点是结构简单、可靠,成本低,缺点是质量较大,易产生噪声。

(3)纯电动汽车向超微型发展。这种汽车对动力性和续驶里程的要求比较低,充电过程比较简单,车速不高,较适合于市内或社区小范围内使用。

(4)采用混合动力汽车作为内燃机汽车和纯电动汽车之间的过渡产品。混合动力电动汽车既充分发挥了现有的内燃机技术优势,又尽可能发挥了电动机驱动无污染的优势。目前市场上主流的混合动力电动汽车是插电式混合动力电动汽车,既能利用夜间低谷电网电力充电进行纯电行驶,降低能耗和排污,也能满足汽车的续驶里程和动力性要求。

(5)燃料电池汽车成为竞争的焦点。与其他电动汽车相比,燃料电池汽车续驶里程长,补充燃料时间短,低温冷启动性能好,并且燃料电池所用的燃料来源广泛,又可再生,并可实现无污染、零排放等环保标准。因此,燃料电池汽车已成为世界各大汽车公司21世纪激烈竞争的焦点。燃料电池及氢动力发动机车型被看作新能源汽车最终的解决方案。

(6)开发新一代车用能源动力系统,发展新能源汽车。重点发展各种液体代用燃料的混合动力汽车,逐步过渡到采用生物燃料的混合动力汽车和可充电的混合动力汽车;进一步发展以天然气为主体的气体燃料基础设施,分步建设长期可持续利用的气体燃料供应网络;以天然气发动机为基础,发展各种燃气动力,尤其是天然气/氢气内燃机及其混合动力;发展新一代燃料电池发动机及其混合动力;大力推进动力电池的技术进步,发展适合中国国情的纯电动汽车尤其是微型纯电动汽车。以城市公交车辆为重点,以点带面,稳步推进新能源汽车示范与商业化。

(7)加大政府政策引导和资金支持力度。合理稳定的政策和资金支持有利于提高车企的研发力度、刺激消费者的购买欲望,培育好新能源汽车市场,为新能源汽车规模化、产业化提供有力支持。

习 题

1. 什么是新能源汽车?如何识别新能源汽车?
2. 为什么要发展新能源汽车?
3. 简述新能源汽车发展的历程。
4. 新能源汽车的发展趋势是什么?

项目二 新能源汽车分类

任务 2.1 纯电动汽车

【知识目标】

1. 掌握纯电动汽车的分类。
2. 了解纯电动汽车的结构与原理。
3. 了解纯电动汽车驱动系统的布置形式。

【能力目标】

1. 能够描述纯电动汽车的特点。
2. 认识几款纯电动汽车。

【任务引入】

由于纯电动汽车具有零排放、不依赖石油、耗电低、操作维修简便等优点,世界主要汽车公司和专业电动汽车生产集团公司都在研发和生产纯电动汽车。同时消费者对纯电动汽车的了解和接受程度也越来越高。今后电动汽车的发展方向将是以电池、电机及整车等技术为着力点,提高其可靠性、动力性和续驶里程,降低成本,加强充电基础设施的规划,加快电动汽车智能充换电服务网络建设。下面我们一起进入纯电动汽车的学习吧!

【任务实施】

2.1.1 纯电动汽车定义

纯电动汽车(blade electric vehicles,BEV)是一种采用单一蓄电池作为储能动力源的汽车,它利用蓄电池作为储能动力源,通过电池向电动机提供电能,驱动电动机运转,从而推动汽车行驶。

2.1.2 纯电动汽车的结构组成与原理

纯电动汽车主要由驱动系统、汽车底盘、车身以及电气设备等部分组成。纯电动汽车与传统汽车差别较大,传统汽车是由发动机气缸的往复运动驱动车辆行驶,而纯电动汽车是由电动机旋转驱动车辆行驶(见图 2-1)。

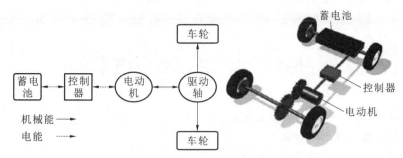

图 2-1 纯电动汽车结构原理图

纯电动汽车保留了传统汽车的加速踏板、制动踏板和各种操纵手柄等,但它不需要离合器。在电动汽车工作时,传感器将加速踏板、制动踏板的机械信号转换为电信号,输入电动汽车控制器,经电动汽车控制器处理后发出驱动信号。

蓄电池向电动机提供电能,电动机通过机械连接驱动汽车运动;在制动或减速时,电动机作为发电机来回收能量给蓄电池充电。蓄电池输出电能(电流)给驱动电动机,电动机输出转矩带动车轮前进或者后退。因此,电动汽车的续驶里程与蓄电池容量相关。为了提高其工作效率,除了只用蓄电池作为动力源,还可以选择安装辅助动力源来提升其动力容量。

2.1.3 纯电动汽车的特点

1. 优点

技术相对简单成熟,只要有电力供应的地方都能够充电。

2. 缺点

蓄电池单位质量储存的能量太少,还因电动汽车的电池较贵,又没形成经济规模,故购买价格较高;至于使用成本,有些使用成本比汽车高,有些仅为汽车的1/7~1/3,这主要取决于电池的寿命及当地的油、电价格。

2.1.4 纯电动汽车代表车型(见表2-1)

表 2-1 纯电动汽车代表车型

序 号	汽车型号	图 片
1	特斯拉 Model S	
2	北汽新能源 EV 系列	

任务 2.2 混合动力汽车

【知识目标】
1. 掌握混合动力汽车的分类。
2. 了解混合动力汽车的结构与原理。
3. 了解混合动力汽车驱动系统的布置形式。

【能力目标】
1. 能够描述混合动力汽车的特点。
2. 认识几款混合动力汽车。

【任务引入】
混合动力汽车的关键是混合动力系统,它的性能直接关系到混合动力汽车整车性能。经过十多年的发展,混合动力系统总成已从原来发动机与电机离散结构向发动机电机和变速箱一体化结构发展,即集成化混合动力总成系统。

【任务实施】

2.2.1 混合动力汽车的定义

混合动力汽车(hybrid electric vehicle,HEV)是指驱动系统由两个或多个能同时运转的单个驱动系统联合组成的车辆,车辆的行驶功率依据实际的车辆行驶状态由单个驱动系统单独或多个驱动系统共同提供。因各个组成部件、布置方式和控制策略的不同,混合动力汽车有多种形式。

2.2.2 混合动力汽车的结构组成与原理

1. 混合动力汽车的结构

混合动力汽车的结构形式分为三种,分别是串联式、并联式以及混联式。其中增程式混合动力汽车采用的是串联式结构,而并联式和混联式结构既可以应用于普通混合动力汽车,也可以应用于插电式混合动力汽车。

串联式结构,顾名思义就是将发动机和电动机"串"在一条动力传输路径上。串联式结构最大的特点就是发动机在任何情况下都不参与驱动汽车的工作,它只能通过带动发电机为电动机提供电能,其基本结构由电动机、发动机、发电机、动力蓄电池和变压器等组成,如图 2-2 所示。

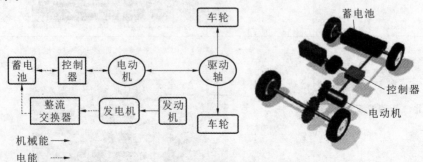

图 2-2 串联式混合动力汽车结构原理图

并联式结构是在普通汽车的基础上加装一套电能驱动系统(即电动机和动力电池驱动系统),发动机和电动机都能单独驱动车轮,也可以同时工作,共同驱动汽车,当动力电池电量不足时,发动机还能带动电动机反转为电池充电,其基本结构由电动机、发动机、动力蓄电池、变压器和变速器等组成,如图2-3所示。

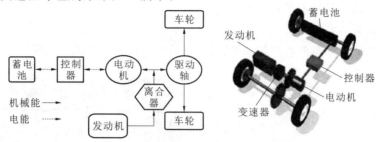

图2-3　并联式混合电动汽车结构原理图

在并联式结构的基础上再加入一个发电机,就是混联式结构,即普通汽车＋电动机＋发电机＝混联式结构。但它没有变速器,通常是一种"ECVT"行星齿轮结构的耦合单元替代了变速器,起到连接、切换两种动力以及减速增扭的作用。也有一些厂家在混联式结构中使用普通的变速器,如双离合变速器、无级变速器等,但是效果远不及 ECVT 变速结构,其由电动机、发动机、动力蓄电池、发电机、动力分离装置、电子控制单元(变压器、转换器)等组成。利用动力分离装置将发动机的动力分成两部分:一部分用来直接驱动车轮;另一部分用来发电,给没有电能的蓄电池充电,如图2-4所示。

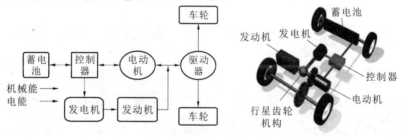

图2-4　混联式混合电动汽车结构原理图

2. 三种结构的特点和优缺点

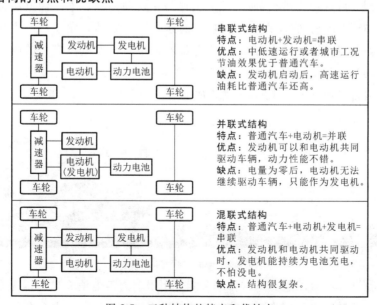

图2-5　三种结构的特点和优缺点

3. 混合动力汽车的工作原理

混联式混合动力系统具有低油耗和低排放的特点。根据行驶工况的不同，它以不同的模式工作，最大限度地适应车辆的行驶工况，使系统达到最高的燃油经济性和最低的排放。下面以丰田混联式混合动力系统为例，说明混合动力汽车的工作原理。

（1）车辆启动时，充分利用电动机启动时的低速转矩。油电混合动力系统仅适用由动力蓄电池提供能量的电动机的动力启动，此时发动机并不运转。如图2-6所示。

图2-6　车辆启动时的工况

（2）低速—中速行驶时，由高效利用能量的电动机驱动行驶。发动机在低速—中速带的效率并不理想，而另一面，电动机在低速—中速带性能优越。因此，在低速—中速行驶时，油电混合动力系统使用动力蓄电池的电力，驱动电动机行驶。当动力蓄电池的电量少时，利用发动机来带动发电机发电，为电动机提供动力。如图2-7所示。

图2-7　低速—中速行驶时的工况

（3）一般行驶时，低油耗驾驶，使用发动机作为主要动力源。丰田油电混合动力系统采用Atkingson循环发动机，它能在最高效功率的速度区间驱动。发动机产生的动力一部分直接驱动车轮，依照驾驶状况另一部分动力分配给发电机。发电机产生的电力用来驱动电动机和辅助发动机。利用发动机和电动机双动力系统，使得发动机产生的动力以最小消耗传向地面。动力蓄电池的电量少时，发动机的输出功率提高以加大发电量，来给动力蓄电池充电。如图2-8所示。

图2-8　一般行驶时的工况

（4）一般行驶时/剩余能量充电。将剩余能量用于动力蓄电池充电。因为丰田油电混合动力系统在高速运转时是采用发动机来驱动的，而发动机有时会产生多余的能量。这时多余的能量由发电机转换成电力储存在动力蓄电池中。如图 2-9 所示。

图 2-9　一般行驶时/剩余能量充电工况

(5) 全速行驶时,利用双动力来获得高一级的加速。在需要强劲加速(如爬陡坡及超车)时,动力蓄电池提供电力,来加大电动机的驱动力。通过发动机和电动机双动力的结合使用,丰田油电混合动力系统得以实现与高一级发动机同等水平的强劲而流畅的加速性能。如图 2-10 所示。

图 2-10　全速行驶时的工况

(6) 减速/能量再生时。将减速时的能量回收到动力蓄电池中再利用。在踩制动器和放松加速踏板时,丰田油电混合动力系统使车轮的旋转带动电动机运转,将其作为发电机使用。减速时通常作为摩擦热散失掉的能量,在此被转换成电能,回收到动力蓄电池中进行再利用。如图 2-11 所示。

图 2-11　减速/能量再生时的工况

(7) 停车时的动力系统全部停止。在停车时,发动机、电动机、发电机全部自动停止运转。不会因怠速而浪费能量。当动力蓄电池的电量较低时,发动机将继续运转,以给动力蓄电池充电。另外,有时因与空调开关联动,发动机仍会保持运转。如图 2-12 所示。

图 2-12　停车时的工况

2.2.3 混合动力汽车的特点

1. 缺点

系统结构相对复杂,长距离高速行驶省油效果不明显。

2. 优点

(1)采用混合动力后可按平均需要的功率来确定内燃机的最大功率,发动机相对较小,此时处于油耗低、污染少的最优工况下工作。由于内燃机可持续,电池又可以不断充电,因此其行程和普通汽车一样。

(2)因为有了电池,可以十分方便地回收下坡时的动能。

(3)在繁华市区,可关停内燃机,由电池单独驱动,实现"零"排放。

(4)有了内燃机可以十分方便地解决耗能大的空调、取暖、除霜等纯电动汽车会遇到的难题。

(5)可以利用现有的加油站加油,不必再投资。

(6)可让电池保持在良好的工作状态,不发生过充、过放,延长其使用寿命,降低成本。

(7)由于有多个动力源,可同时工作,整车的动力性优良。

2.2.4 混合动力汽车代表车型(见表2-2)

表2-2 混合动力汽车代表车型

序号	汽车型号	图片
1	比亚迪-唐	
2	卡罗拉双擎	
3	雷凌双擎	

任务 2.3　燃料电池电动汽车

【知识目标】
1. 掌握燃料电池电动汽车的分类。
2. 了解燃料电池电动汽车的结构与原理。
3. 了解燃料电池电动汽车驱动系统的布置形式。

【能力目标】
1. 能够描述燃料电池电动汽车的特点。
2. 认识几款燃料电池电动汽车。

【任务引入】
燃料电池电动汽车是一种可以利用氢气作为燃料的汽车。氢是一种化学元素,在元素周期表中位于第一位。在整个宇宙中,按原子百分数来说,氢是最多的元素。据研究,在地球的大气中,按原子百分数计算,氢占 81.75%。在宇宙空间中,氢原子的数目比其他所有元素原子的总和约多 100 倍。在地球上,氢在自然界中分布很广,水便是氢的"仓库"! 燃料电池电动汽车也是电动汽车,只不过"电池"是氢氧混合燃料电池,可以在五分钟内给电池灌满燃料,而不是等上几个小时来充电。和普通化学电池相比,燃料电池可以补充燃料,通常是补充氢气。接下来就让我们一起来了解一下燃料电池电动汽车吧。

【任务实施】

2.3.1　燃料电池电动汽车定义

燃料电池电动汽车(fuel cell electric vehicle,FCEV)是利用氢气和空气中的氧在催化剂的作用下,在燃料电池中经电化学反应产生的电能作为主要动力源的汽车。燃料电池电动汽车实质上是纯电动汽车的一种,主要区别在于动力电池的工作原理不同。一般来说,燃料电池通过电化学反应将化学能转化为电能,电化学反应所需的还原剂一般采用氢气,氧化剂则采用氧气,因此最早开发的燃料电池电动汽车多是直接采用氢燃料,氢气的储存可采用液化氢、压缩氢气或金属氢化物储氢等形式。

2.3.2　燃料电池电动汽车的结构组成与原理

1. 燃料电池驱动系统的类型

1) 燃料电池单独驱动的 FCEV

燃料电池单独驱动的 FCEV,其动力源唯一,仅靠燃料电池支持整车运转。燃料电池系统产生的电能驱动电动机工作,电动机通过传动装置驱动汽车运动。图 2-13 所示为燃料电池单独驱动的 FCEV 结构组成。

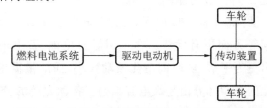

图 2-13　燃料电池单独驱动的 FCEV 结构组成

2)"燃料电池+辅助蓄电池"混合驱动的 FCEV

该动力系统结构中,有燃料电池和蓄电池两个动力源(见图2-14)。汽车的功率负荷由燃料电池和蓄电池共同承担。即燃料电池和蓄电池一起为驱动电动机提供能量,驱动电动机将电能转化成机械能传给传动系统,从而驱动汽车前进。在燃料电池和蓄电池联合供能时,燃料电池的能量输出变化较为平缓,随时间变化波动较小,而能量需求变化的高频部分由蓄电池分担。在燃料电池系统启动时,蓄电池提供电能用于空气压缩机或鼓风机的工作、燃料电池的加热、氢气和空气的加湿等。在汽车制动时,驱动电动机变成发电机,蓄电池将储存回馈的能量。

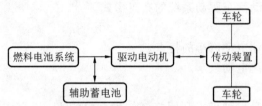

图2-14 "燃料电池+辅助蓄电池"混合驱动的 FCEV 结构组成

3)"燃料电池+超级电容"混合驱动的 FCEV

"燃料电池+超级电容"混合驱动的 FCEV 与"燃料电池+辅助蓄电池"混合驱动的 FCEV 结构类似,只是把辅助蓄电池换成了超级电容。在该动力系统结构中,有燃料电池和超级电容两个动力源。汽车的功率由燃料电池和超级电容共同承担,即燃料电池和超级电容一起为驱动电动机提供能量,驱动电动机将电能转化成机械能传给传动系统,从而驱动汽车前进。

蓄电池寿命短,成本高,使用要求复杂;而超级电容充放电效率高,能量损失小,因此电池功率密度必须大,在回收制动能量方面比蓄电池有优势,循环寿命长,使用成本低,但是超级电容的能量密度较小。

4)"燃料电池+辅助蓄电池+超级电容"混合驱动的 FCEV

在"燃料电池+辅助蓄电池"混合驱动的 FCEV 的电压总线上再并联一组超级电容,用于提供加速或吸收紧急制动的尖峰电流,减轻蓄电池负担,延长其使用寿命。

这种动力系统结构中,燃料电池、蓄电池和超级电容一起为驱动电动机提供能量(见图2-15),驱动电动机将电能转化成机械能传给传动系统,从而驱动汽车前进;在汽车制动时,驱动电动机变成发电机,蓄电池和超级电容将储存回馈的能量。

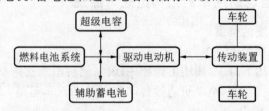

图2-15 "燃料电池+辅助蓄电池+超级电容"混合驱动的 FCEV 结构组成

与"燃料电池+蓄电池"混合驱动的 FCEV 比较,其优势更加明显,尤其是在部件效率、动态特性、制动能量回馈等方面更有优势。在采用燃料电池、蓄电池和超级电容联合供能时,燃料电池的能量输出更为平缓,随时间变化波动较小,而能量需求变化的低频部分由蓄电池承担,能量需求变化的高频部分由超级电容承担。各动力源的分工更加明细,使得它们的优势也得到了更好的发挥。

而该种混合驱动的 FCEV 的缺点也一样更加明显。因为增加了超级电容,整个系统的质量增加,且系统更加复杂,使得系统控制和整体布置的难度也随之增大。

目前燃料电池电动汽车动力系统的一般结构(见图 2-16)仍是燃料电池和蓄电池混合驱动组合,主要结构包括能量控制单元、空气压缩机、燃料电池组、高压储氢瓶、蓄电池和电动机。

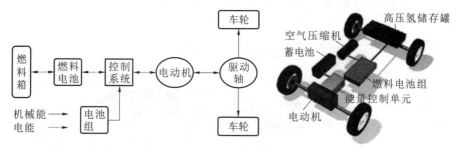

图 2-16 燃料电池汽车结构原理图

2. 氢燃料电池电动汽车的工作原理

将氢气送到燃料电池的阳极板,经过催化剂(铂)的作用,氢原子中的一个电子被分离出来,失去电子的氢离子(质子)穿过质子交换膜,达到燃料电池阴极板,而电子是不能通过质子交换膜的,这个电子只能经外部电路,到达燃料电池阴极板,从而在外电路中产生电流。电子到达阴极板后,与氧原子和氢离子重新结合成水。由于供应给阴极板的氧,可以从空气中获得,因此只要不断给阳极板供氢,给阴极板供应空气,并及时把水(蒸汽)带走,就可以不断地提供电能。燃料电池发出的电,经逆变器、控制器等装置,给电动机供电,再经传动系统、驱动轴等带动车轮转动,就可使车辆在路上行驶。燃料电池的燃料是氢和氧,生成物是清洁的水,它本身工作不产生一氧化碳和二氧化碳,也没有硫化物和微粒排出。图 2-17 所示为氢燃料电池电动汽车工作原理图。

图 2-17 氢燃料电池电动汽车工作原理

2.3.3 燃料电池电动汽车的特点

1. 优点

(1)零排放或近似零排放。

(2)减少了机油泄漏带来的污染。

(3)降低了温室气体的排放。

(4)燃料电池的转化效率高(60%左右),整车燃油经济性良好。

(5)运行平稳、无噪声。

2.缺点

燃料电池成本高昂,同时使用成本也昂贵。

2.3.4 燃料电池电动汽车代表车型(见图2-18)

图2-18 本田 FCX Clarity(燃料电池汽车)

任务2.4 太阳能汽车

【知识目标】

1.掌握太阳能汽车的分类。

2.了解太阳能汽车的结构与原理。

【能力目标】

1.能够描述太阳能汽车的特点。

2.认识几款太阳能汽车。

【任务引入】

太阳能汽车作为新兴的汽车形式,凭借其独特的优势受到人们的广泛欢迎,它摆脱了传统的热机驱动的模式,利用太阳能作为汽车行驶的能源,从而实现真正的零排放,降低对环境的污染,起到保护环境的作用。目前,对于太阳能汽车的研究越来越多,其发展也显示出强劲的势头。接下来就让我们一起来了解太阳能汽车吧。

【任务实施】

2.4.1 太阳能汽车定义

太阳能汽车是一种靠太阳能来驱动的汽车。从某种意义上讲,太阳能汽车也是电动汽车的一种,所不同的是电动汽车的蓄电池靠工业电网充电,而太阳能汽车用的是太阳能电池。太阳能汽车使用太阳能电池把光能转化成电能,电能会在蓄电池中存起备用,用来驱动汽车的电动机。由于太阳能汽车不用燃烧化石燃料,所以不会放出有害物。相比传统热机驱动的汽车,太阳能汽车是真正的零排放,如果由太阳能汽车取代燃气车辆,每辆汽车的二氧化碳排放量可减少43%至54%。

2.4.2 太阳能汽车的工作原理

太阳能汽车是靠太阳能驱动的汽车,这是与传统热机驱动的汽车最大的不同点。太阳能汽车有两种类型:一种是以装在车身表面的太阳能电池所得的电能作为驱动能源的车辆;另一种是先将装在车身外部的太阳能电池得到的电源输给车载蓄电池,然后利用蓄电池上的电源作为驱动能源的汽车。从目前来看,第一种太阳能汽车一般分比赛用太阳能汽车和实用型太阳能汽车,而占设计研发绝大多数的是比赛用太阳能汽车。由于经济和技术的限制,单纯采用太阳能电池的实用型太阳能汽车还很少见。

太阳能电动汽车的工作原理如下:将收集的太阳光和其他形式的光照射在太阳能电池板表面上,通过内部建立的电场来生产电流。太阳能最大功率跟踪装置将根据太阳能电动汽车行驶条件的需要,将转化的电流传送到蓄电池中并储存起来,也可以直接输送到电动机控制系统,或是根据行驶的工况,蓄电池和太阳能电池板同时为电动机提供电流。

太阳能电动汽车在晴天行驶时,开始运行阶段太阳光转化的电能直接被传送到电动机控制系统,随着行驶时间的增加,更多来自太阳能电池板的能量将超过电动机控制器系统的需求范围。在这种情况下,一部分能量提供给电动机,额外的那部分能量会被蓄电池储存起来。在阴天或雨天,在太阳能电池板上产生的能量不能驱动电动机时,被蓄电池储存的能量将用来补充太阳能电池板产生的能量,使得太阳能电动汽车能正常行驶,满足行驶需求。

当太阳能电动汽车停车不用时,太阳能电池板产生的能量被蓄电池储存起来。太阳能电动汽车在减速停车时,使用的机械制动并不像传统汽车那样,而是通过对直流电动机的电流控制,使电动机转变成发电机,其产生的电流被蓄电池存储,以备使用。这种情况使得电能回收利用,达到节能的目的。太阳能电动汽车通常安装太阳能最大功率跟踪装置,它在太阳能电动汽车上的作用是控制各部分所用的能量,使能量分配更加合理。

2.4.3 太阳能汽车的特点

1. 优点

(1)汽车能源来自太阳,物美价廉,取之不尽,用之不竭。
(2)没有任何排放,零污染。
(3)结构简单,没有复杂的内燃机、离合器、变速箱、传动轴、散热器、排气管等零部件。

2. 缺点

完全依赖太阳,续驶里程较短。

2.4.4 太阳能汽车代表车型(见表 2-3)

表 2-3 太阳能汽车代表车型

序 号	汽车型号	图 片
1	SOLARVE 太阳能电池公交车	
2	长安星光 4500 太阳能环保车	
3	小贵族	
4	比亚迪 F3DM 太阳能汽车	
5	"圣雷易莎"号太阳能赛车	

任务 2.5 天然气汽车

【知识目标】
1. 掌握天然气汽车的分类。
2. 了解天然气汽车的结构与原理。
3. 了解天然气汽车驱动系统的布置形式。

【能力目标】
1. 能够描述天然气汽车的特点。
2. 认识几款天然气汽车。

【任务引入】

天然气作为汽车代用燃料,具有来源丰富、燃料经济性好、污染物排放量少、安全性好等特点。天然气辛烷值高达 120,天然气发动机许用压缩比可以达到 12(汽油机为 6～8),理想循环热效率比汽油机可以提高 7%～12%。此外,天然气与空气形成的混合气质量比汽油与空气形成的混合气的质量好,提高了燃烧完全度,有利于热效率的提高。目前,天然气汽车仍是我国应用最为广泛、推广最为成功的清洁能源汽车。

【任务实施】

2.5.1 天然气汽车定义

天然气汽车是以压缩天然气(简称 CNG)作为汽车燃料的车辆,对在用车来讲,将定型汽油车改装,在保留原车供油系统的情况下,增加一套专用压缩天然气装置,形成压缩天然气汽车,燃料的转换仅需拨动开关。加充一次天然气可行驶 200 km 左右,特别适合公共汽车、市内的士、往返里程不超过 200 km 的中巴车、面包车以及其他车辆。

压缩天然气是指压缩到 20.7～24.8 MPa 的天然气,储存在车载高压气瓶中。压缩天然气是一种无色透明、无味、高热量、比空气轻的气体,主要成分是甲烷;由于组分简单,易于完全燃烧,加上燃料含碳少,抗爆性好,不稀释润滑油,能够延长发动机的使用寿命;加工成本相对较低,极难液化。天然气汽车最大的缺点是高压钢瓶过重,体积大且储气量小,占去了汽车较多的有效质量,限制了汽车携带燃料的体积,导致汽车连续行驶里程短,另外因钢瓶的存储压力高,也具有一定的危险性。

2.5.2 天然气汽车发动机的结构组成与原理

1. 天然气发动机

天然气发动机指仅使用天然气作为燃料而不再用其他燃料的发动机。根据车用天然气的理化特性进行设计和优化单燃料车用天然气发动机的结构,通过增强缸内紊流、提高压缩比、调整点火参数等措施,充分满足天然气的燃烧要求从而获得更好的动力性、经济性及排放性。一般来说,天然气自燃点比汽油高,仍然为点燃式发动机;天然气辛烷值高达 120,可以通过提高发动机压缩比来提高发动机热效率,天然气发动机压缩比设计范围为 10～12(多为 11.5);天然气火焰传播速度慢,需要增大点火提前角来获得较好的动力性与经济性。天然气发动机按其燃料供给系统可以分为缸内供气与缸外供气两种。天然气发动机的燃料供给与控制系统经历了混合器机械控制式、混合器机电控制式、电控单点喷射式、电控多点喷射式等阶段。燃料供给与控制系统不同,发动机的性能也有所不同,特别是排放性能差别较大。缸外供气主要包括减压-混合器预混合供气、进气道喷射式(电控多点喷射式)。进气道喷射式可实现对每一缸的定时定量供气和实施混合气浓度调节及分层供气,通常称之为电控多点气体喷气系统。与缸外供气预混合方式相比,缸内供气的优势在于:可以减少气体燃料所导致的充量损失;避免扫气时的燃料损失;有利于抑制爆震,可采用较高压缩比;可以通过喷射正时、混合气浓度以及点火提前角等参数的协同优化,实现综合性能的控制。

天然气汽油两用燃料发动机是指拥有天然气和汽油两套燃料供给系统,使用汽油或者天然气的发动机,多为点燃式发动机。一般是在汽油机的基础上加装一套天然气供给系统,发动机工作时只能用一种燃料。目前天然气汽油两用燃料发动机气体燃料供给形式分为缸外供气和缸内供气两类。缸外供气形式主要包括进气道混合器预混合供气和缸外进气道喷射供气;缸内供气形式主要分为缸内高压喷射供气和低压喷射供气。

两用燃料发动机使用天然气时动力性降低主要由以下原因造成:第一,天然气的单位体积混合气热值比汽油低约12%;第二,天然气本身是气态,缸外供气模式将会挤占部分空间,导致空气量降低;第三,天然气为气态,不存在汽化吸热的现象,进气温度较高,导致充气效率降低;第四,分子变更系数小;第五,天然气汽油两用燃料发动机一般在汽油机上改装,燃用天然气的发动机理想压缩比为12,汽油机的压缩比一般为6~8,两用燃料发动机在使用天然气时热效率没有明显提高。混合气热值低和分子变更系数小是由于燃料分子中的含氢比例较大,即由燃料本身分子组成和结构所决定。两用燃料发动机使用天然气时的 HC 和 CO 污染物排放量均低于使用汽油的排放量;如果切换到天然气燃料,点火提前角增加,燃烧温度增加,NO_x 排放量增加。

2. 天然气柴油双燃料发动机

天然气柴油双燃料发动机是指拥有天然气和柴油两套燃料供给系统,柴油和天然气两种燃料一起混合燃烧的发动机,一般为压燃式发动机。两个系统以一定比例同时供给天然气和柴油,天然气通过少量喷入的柴油压燃后引燃。双燃料天然气发动机气体燃料供给方式主要有两种,即缸内直接喷射和缸外供气。根据引燃柴油量的多少,双燃料发动机还可分为常规双燃料天然气发动机和微引燃天然气发动机。

3. 天然气掺氢发动机

天然气具有良好的抗爆性,但其燃烧速率低(0.37 m/s)、稀燃时燃烧不够稳定,降低了天然气发动机的性能。氢气的燃烧速率(2.7 m/s)极高、热效率高且稀燃能力强。随着掺氢比的增加,燃气消耗率呈降低趋势,发动机的经济性得到明显的改善。

4. 液化天然气发动机

LNG 是经超低温(-162℃)常压液化形成的液态天然气,其突出优点是能量密度大(约为 CNG 的 3 倍),汽车续驶里程长(可达 400 km 以上)。LNG 汽车与 CNG 汽车的主要区别在于气瓶装置和减压(汽化)装置两点。一般 CNG 汽车高压气瓶采用 3 mm 厚钢板制成,气瓶压力出厂检测是 35 MPa,平时灌装 CNG 充填压力 20 MPa,运营车辆气瓶每年都要按 35 MPa 要求检测;LNG 钢瓶为双层真空结构,为了使钢瓶具有更好的保温性能,通常在内胆上缠绕保温材料;为了使钢瓶真空层长时间处于真空状态,通常增加吸附装置,用来吸附真空层中的残留空气。在车辆启动前,先将 LNG 钢瓶主安全阀门打开,液体通过气瓶自身压力释放到汽化器中,利用发动机冷却水来加热汽化器中的低温液体,因此,LNG 经过汽化器处理后吸收了发动机冷却液的热量,转化为气态天然气,然后与空气在混合器中完成混合。

2.5.3 天然气汽车的特点

1. 优点

(1)燃料价格便宜。
(2)汽车排气污染小。
(3)不积碳及车辆部件损耗小。
(4)安全可靠。
(5)车辆改装简单。
(6)车辆运行平稳。

2. 缺点

(1)动力性低。
(2)续驶里程短,加气次数较频繁。
(3)初始投资大。
(4)加气站不像加油站那样分布多数量大,有些城市只给出租车加气就难以负担,再遇到气荒,只能再用汽油来驱动,可是改装过天然气的车再烧汽油的话,油耗会高很多。
(5)改装天然气之后,发动机的使用寿命会比汽油车的更快降低,动力也会变差。后期维修成本高。
(6)气罐占用空间较大。
(7)改装天然气汽车,初始投资较大。但是在同样不出事故的情况下,保值性一般不如正常使用燃油的汽车,所以卖二手天然气汽车的贬值率也会更高。

2.5.4 天然气汽车代表车型(见表 2-4)

表 2-4 天然气汽车代表车型

序 号	汽车型号	图 片
1	雪铁龙爱丽舍手动双燃料汽车	
2	长安悦翔 CNG 双燃料汽车	

续表

序号	汽车名称	图片
3	北京现代伊兰特 CNG 双燃料汽车	
4	捷达 CNG 双燃料汽车	

任务 2.6 风力汽车

【知识目标】

1. 掌握风力汽车的分类。
2. 了解风力汽车的结构与原理。

【能力目标】

1. 能够描述风力汽车的特点。
2. 认识几款风力汽车。

【任务引入】

2011 年 2 月 14 日情人节这天,一辆德国制造的"疾风探险者"号风力汽车成功穿越广袤的澳大利亚大陆,沿途忍受酷热和寒冷天气,顺利抵达终点站悉尼,全部行程约 5000 km。这是这款原型车第一次接受如此重要的测试。值得一提的是一路上它主要以风力和风筝为驱动力,而用于为蓄电池充电的花费只有区区约 50 元人民币。据悉以风力驱动的汽车进行如此严酷的长距离旅行测试,这在全球尚属首例。这辆名为"疾风探险者"的风力发电车系由两名德国发明家德克·吉翁和斯蒂芬·西默尔合作研发。它是世界上第一辆适于上路的风力发电车,可以行驶如此长距离,肯定也是首辆能在世界任何地方上路的风筝驱动车。

【任务实施】

2.6.1 风力汽车定义

风力汽车,是指汽车可以根据风的方向自动行驶,驾驶员也可以通过驾驶舱内的特别配置来手动调节其车尾的"帆",进而改变车辆的行驶方向。风力汽车可分为风力发电驱动汽车和纯风力驱动汽车。

2.6.2 风力汽车的结构组成与原理

目前还没有适合量产的风力汽车,大多数风力汽车都是借助风力和风筝驱动,也有的是利用风力来对汽车的蓄电池充电。所以在结构上,风力汽车并没有太多的共同点。但是归结于原理,它们都是利用风力作为行驶的动力源,然后通过机械传动或者是电力驱动来实现行驶。

2.6.3 风力汽车的特点

1. 优点

(1)汽车能源来自风力,取之不尽,用之不竭。
(2)没有任何排放,零污染。
(3)结构简单,没有复杂的内燃机、离合器、变速箱、传动轴、散热器、排气管等零部件。

2. 缺点

(1)完全依赖风力,行驶速度受限。
(2)目前还不能开进城市,只能在荒郊野外等多风的开阔地行驶。

2.6.4 风力汽车代表车型(见表 2-5)

表 2-5 风力汽车代表车型

序 号	汽车型号	图 片
1	英国"绿鸟"风力汽车	
2	德国"蓝色动力"风帆型风力汽车	

续表

序号	汽车名称	图片
3	德国"疾风探险者"号风力驱动汽车	
4	美国 DWFTTW 风力车"黑鸟"	

习 题

1. 什么是太阳能汽车?
2. 简述太阳能汽车的组成。
3. 太阳能汽车有哪些优点和缺点?
4. 什么是纯电动汽车?
5. 简述纯电动汽车的组成。
6. 纯电动汽车有哪些优点和缺点?
7. 什么是混合动力汽车?
8. 简述混合动力汽车的组成。
9. 混合动力汽车有哪些优点和缺点?
10. 什么是燃料电池电动汽车?
11. 简述燃料电池电动汽车的组成。
12. 燃料电池电动汽车有哪些优点和缺点?
13. 什么是天然气汽车?
14. 简述天然气汽车的组成。
15. 天然气汽车有哪些优点和缺点?
16. 什么是风力汽车?
17. 简述风力汽车的组成。
18. 风力汽车有哪些优点和缺点?

项目三　电动汽车核心装置

任务 3.1　电动汽车储能装置

【知识目标】
1. 了解电池的种类。
2. 掌握电动汽车对动力电池的性能指标要求。
3. 掌握各种电池的工作原理。

【能力目标】
1. 能够描述电池的工作原理。
2. 能够描述电池充、放电特性。
3. 能够描述各类电池的特点。

【任务引入】

电池是日常生活和工业生产中常见的一种储能装置，它的使用是将电能输入转变为化学能存储，再以电能形式输出的过程。不同的电池具有不同的电极材料和电化学特性，但化学原理是相同的。与内燃机汽车上的常用蓄电池不同，在电动汽车上，动力电池组必须是具有强大能量的动力电源，除了作为驱动动力能源外，还要向空调系统、动力转向系统等提供电力能源。此外，电动汽车上的电池还要为照明系统、信号系统、刮水器以及车载娱乐和通信设备等提供低压电源。下面我们一起进入动力电池学习吧！

【任务实施】

3.1.1　动力电池分类和电池性能指标

1. 动力电池的种类

动力电池是纯电动汽车的动力源，是能量的储能装置，现阶段电动汽车所使用的电池分为化学电池、物理电池和生物电池三大类。

1）化学电池

（1）化学电池是利用物质的化学反应发电的电池，按工作性质分为原电池、蓄电池、燃料电池和储备电池。

①原电池是指电池放电后不能用简单的充电方法使活性物质复原而继续使用的电池。

②蓄电池是指电池在放电后可以通过充电的方法使活性物质复原而继续使用的电池。这种充放电可以达数十次到上千次循环。

③燃料电池又称连续电池，是指参加反应的活性物质从电池外部连续不断地输入电池，

电池就连续不断地提供电能。

④储备电池是指电池正负极与电解质在储存期间不直接接触,使用前注入电解液或者使用其他方法使电解液与正负极接触,此后电池进入待放电状态。

(2)化学电池按电解质分为酸性电池、碱性电池、中性电池、有机电解质电池、非水无机电解质电池、固体电解质电池等。

(3)化学电池按电池的特性分为高容量电池、密封电池、高功率电池、免维护电池、防爆电池等。

(4)化学电池按正负极材料分为锌锰电池系列、镍镉镍氢电池系列、铅酸电池系列、锂电池系列等。

2)物理电池

物理电池是利用光、热、物理吸附等物理能量发电的电池,如太阳能电池、超级电容器、飞轮电池(见图3-1至图3-3)等。

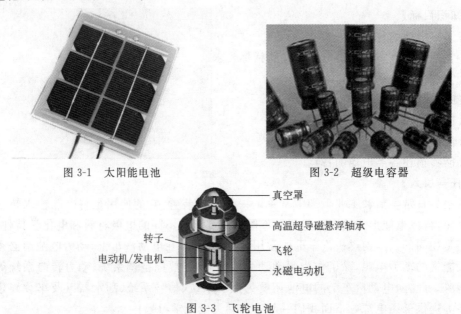

图3-1 太阳能电池　　　　图3-2 超级电容器

图3-3 飞轮电池

3)生物电池

生物电池是利用生物化学反应发电的电池,如微生物电池、酶电池、生物太阳电池等。图3-4所示为微生物电池原理图。

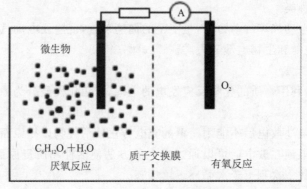

图3-4 微生物电池原理图

迄今已经实用化的车用动力蓄电池有传统的铅酸蓄电池、镍镉电池、镍氢电池和锂离子电池。在物理电池领域中,超级电容器也应用于电动汽车中。生物燃料电池在车用动力中应用前景也十分广阔,以氢为燃料的燃料电池和氧化物燃料电池的研发已进入重要发展阶段。

2. 电池的性能指标

电池的性能指标主要有电压、容量、内阻、能量、功率、输出效率、自放电率、使用寿命等,根据电池种类的不同,其性能指标也有差异。

1)电压

电压分为端电压、开路电压、额定电压、充电终止电压和放电终止电压等。

(1)电池的端电压是指电池正极与负极之间的电位差。

(2)开路电压是指电池在没有负载情况下的端电压。

(3)额定电压是电池在标准规定条件下工作时应达到的电压。

(4)蓄电池充足电时,极板上的活性物质已达到饱和状态,再继续充电,电池的电压也不会上升,此时的电压称为充电终止电压;放电终止电压是指电池放电时允许的最低电压。

2)容量

(1)电池在一定的放电条件下所能放出的电量称为电池的容量。常用单位为安培·时,它等于放电电流与放电时间的乘积。

(2)电池的容量可以分为理论容量、实际容量、标称容量和额定容量等。

①理论容量是把活性物质的质量按法拉第定律计算而得到的最高理论值。

②实际容量是指电池在一定条件下所能输出的电量,它等于放电电流与放电时间的乘积,单位为 A·h,其值小于理论容量。

③标称容量是用来鉴别电池的近似容量值。

④额定容量也叫保证容量,是按国家或有关部门颁布的标准,保证电流在一定的放电条件下应该产生的最低限度的电量。

3)内阻

(1)定义:电池的内阻是指电流流过电池内部时所受到的阻力。

(2)特性。

充电电池的内阻很小,需要用专门的仪器才可以测量到比较准确的结果。一般所知的电池内阻是充电态内阻,即指电池充满电时的内阻(与之对应的是放电态内阻,指电池充分放电后的内阻。一般说来,放电态内阻比充电态内阻大,并且不太稳定)。电池内阻越大,电池自身消耗掉的能量越多,电池的使用效率越低。内阻很大的电池在充电时发热很厉害,使电池的温度急剧上升,对电池和充电器的影响都很大。随着电池使用次数的增多,由于电解液的消耗及电池内部化学物质活性的降低,电池的内阻会有不同程度的升高。

4)能量

电池的能量是指在一定放电制度下,电池所能输出的电能,单位是 W·h 或 kW·h。它影响电动汽车的行驶距离。能量分为理论能量、实际能量、比能量和能量密度。

理论能量是电池的理论容量与额定电压的乘积,指一定标准所规定的放电条件下,电池所输出的能量;实际能量是电池实际容量与平均工作电压的乘积,表示在一定条件下电池所能输出的能量;比能量也称质量比能量,是指电池单位质量所能输出的电能,单位是 W·h/kg,常用比能量来比较不同的电池系统;能量密度也称体积比能量,是指电池单位体积所能输出的电能,单位是 W·h/L。

5)功率

(1)电池的功率是指电池在一定放电制度下,单位时间内所输出能量的大小,单位为 W 或 kW。电池的功率决定了电动汽车的加速性能和爬坡能力。功率分为比功率和功率密度。

(2)比功率是指单位质量电池所能输出的功率,也称质量比功率,单位为 W/kg 或 kW/kg。

(3)功率密度是指单位体积电池所能输出的功率,也称体积比功率,单位为 W/L 或 kW/L。

6)输出效率

(1)动力电池作为能量存储器,充电时把电能转化为化学能储存起来,放电时把电能释放出来。在这个可逆的电化学转换过程中,有一定的能量损耗。通常用电池的容量效率和能量效率来表示。

(2)容量效率是指电池放电时输出的容量与充电时输入的容量之比。

(3)能量效率是指电池放电时输出的能量与充电时输入的能量之比。

7)自放电率

自放电率是指电池在存放期间容量的下降率,即电池无负荷时自身放电使容量损失的速度。自放电率用单位时间容量降低的百分数表示。

8)放电倍率

(1)电池放电电流的大小常用"放电倍率"表示,即电池的放电倍率用放电时间表示或者说以一定的放电电流放完额定容量所需的小时数来表示。由此可见,放电时间越短,即放电倍率越高,则放电电流越大。

(2)放电倍率等于额定容量与放电电流之比。放电倍率可分为低倍率(<0.5 C)、中倍率(0.5~3.5 C)、高倍率(3.5~7.0 C)、超高倍率(>7.0 C)。

9)使用寿命

(1)使用寿命是指电池在规定条件下的有效寿命期限。电池发生内部短路或损坏而不能使用,以及容量达不到规范要求时电池使用失效,这时电池的使用寿命终止。

(2)电池的使用寿命包括使用期限和使用周期。使用期限是指电池可供使用的时间,包括电池的存放时间。使用周期是指电池可供重复使用的次数。

除此之外,成本也是一个重要的指标,电动汽车发展的瓶颈之一就是电池价格高。

3. 电动汽车对动力电池的要求

(1)比能量高。为了提高电动汽车的续驶里程,要求电动汽车上的动力电池尽可能储存多的能量,但电动汽车又不能太重,其安装电池的空间也有限,这就要求电池具有高的比能量。

(2)比功率大。为了能使电动汽车在加速行驶、爬坡能力和负载行驶等方面能与燃油汽车相竞争,就要求电池具有大的比功率。

(3)充放电效率高。电池中能量的循环必须经过充电—放电—充电的循环,高的充放电效率对保证整车效率具有至关重要的作用。

(4)相对稳定性好。电池应当在快速充放电和充放电过程变工况的条件下保持性能的相对稳定,使其在动力系统使用条件下能达到足够的充放电循环次数。

(5)使用成本低。除了降低电池的初始购买成本外,还要提高电池的使用寿命以延长其

(6)安全性好。电池应不会自燃或引起燃烧,在发生碰撞等事故时,不会对乘员造成伤害。

3.1.2 铅酸蓄电池

以酸性水溶液为电解质的蓄电池称为酸蓄电池,其中极板以铅及其氧化物为材料的,称之为铅酸蓄电池(见图3-5)。

图3-5 铅酸蓄电池

1. 铅酸蓄电池的特点

铅酸蓄电池的特点是开路电压高,放电电压平稳,充电效率高,能够在常温下正常工作,生产技术成熟,价格便宜,规格齐全。

2. 铅酸蓄电池的结构

铅酸蓄电池的基本结构如图3-6所示。它由正负极板、隔板、电解液、溢气阀、外壳等部分组成。

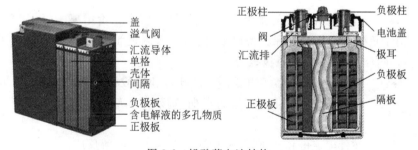

图3-6 铅酸蓄电池结构

3. 铅酸蓄电池的工作原理

1)铅酸蓄电池电动势的产生

(1)铅酸蓄电池充电后,正极板是二氧化铅(PbO_2),在硫酸溶液中水分子的作用下,少量二氧化铅与水生成可离解的不稳定物质——氢氧化铅($Pb(OH)_2$),氢氧根离子在溶液中,铅离子(Pb)留在正极板上,故正极板上缺少电子。

(2)铅酸蓄电池充电后,负极板是铅(Pb),与电解液中的硫酸(H_2SO_2)发生反应,变成铅离子(Pb^{2+}),铅离子转移到电解液中,负极板上留下多余的两个电子(2e)。可见,在未接通外电路时(电池开路),由于化学作用,正极板上缺少电子,负极板上多余电子,两极板间就产生了一定的电位差,这就是电池的电动势。

2)铅酸蓄电池放电过程的电化学反应

(1)铅酸蓄电池放电时,在蓄电池的电位差作用下,负极板上的电子经负载进入正极板形成电流 I,同时在电池内部进行化学反应。

(2)负极板上每个铅原子放出两个电子后,生成的铅离子(Pb^{2+})与电解液中的硫酸根离子(SO_4^{2-})反应,在极板上生成难溶的硫酸铅($PbSO_4$)。

(3)正极板的铅离子(Pb^{4+})得到来自负极的两个电子(2e)后,变成二价铅离子(Pb^{2+})与电解液中的硫酸根离子(SO_4^{2-})反应,在极板上生成难溶的硫酸铅($PbSO_4$)。正极板水解出的氧离子(O^{2-})与电解液中的氢离子(H^+)反应,生成稳定物质水。

(4)电解液中存在的硫酸根离子和氢离子在电力场的作用下分别移向电池的正负极,在电池内部形成电流,整个回路形成,蓄电池向外持续放电。

(5)放电时 H_2SO_4 浓度不断下降,正负极上的硫酸铅($PbSO_2$)增加,电池内阻增大(硫酸铅不导电),电解液浓度下降,电池电动势降低。

(6)化学反应式为

正极活性物质	电解液	负极活性物质	正极生成物	电解液生成物	负极生成物
↓	↓	↓	↓	↓	↓
PbO_2	$+2H_2SO_4+$	Pb	→ $PbSO_4$	$+ 2H_2O$	$+ PbSO_4$
氧化铅	稀硫酸	铅	硫酸铅	水	硫酸铅

3)铅酸蓄电池充电过程的电化学反应

(1)充电时,应在外接一直流电源(充电极或整流器),使正负极板在放电后生成的物质恢复成原来的活性物质,并把外界的电能转变为化学能储存起来。

(2)在正极板上,在外界电流的作用下,硫酸铅被离解为二价铅离子(Pb^{2+})和硫酸根离子(SO_4^{2-})。由于外电源不断从正极吸取电子,则正极板附近游离的二价铅离子(Pb^{2+})不断放出两个电子来补充,变成四价铅离子(Pb^{4+}),并与水继续反应,最终在正极板上生成二氧化铅(PbO_2)。

(3)在负极板上,在外界电流的作用下,硫酸铅被离解为二价铅离子(Pb^{2+})和硫酸根离子(SO_4^{2-}),由于负极不断从外电源获得电子,则负极板附近游离的二价铅离子(Pb^{2+})被中和为铅(Pb),并以绒状铅附着在负极板上。

(4)电解液中,正极不断产生游离的氢离子(H^+)和硫酸根离子(SO_4^{2-}),负极不断产生硫酸根离子(SO_4^{2-}),在电场的作用下,氢离子向负极移动,硫酸根离子向正极移动,形成电流。

(5)充电后期,在外电流的作用下,溶液中还会发生水的电解反应。

(6)化学反应式为

正极生成物	电解液生成物	负极生成物	正极活性物质	电解液	负极活性物质
↓	↓	↓	↓	↓	↓
$PbSO_4$	$+ 2H_2O$	$+ PbSO_4$	→ PbO_2	$+ 2H_2SO_4$	$+ Pb$
硫酸铅	水	硫酸铅	氧化铅	稀硫酸	铅

4)铅酸蓄电池充放电后电解液的变化

(1)从上面可以看出,铅蓄电池放电时,电解液中的硫酸不断减少,水逐渐增多,溶液比重下降。

(2)从上面可以看出,铅酸蓄电池充电时,电解液中的硫酸不断增多,水逐渐减少,溶液比重上升。

(3)实际工作中,可以根据电解液比重的变化来判断铅酸蓄电池的充电程度。

4. 铅酸蓄电池的优缺点

1)铅酸蓄电池的优点

(1)除锂离子电池外,在常用蓄电池中,铅酸蓄电池的电压最高,为2.0 V;

(2)价格低廉;

(3)可制成小至1安·时大至几千安·时的各种尺寸和结构的蓄电池;

(4)高倍率放电性能良好,可用于引擎启动;

(5)高低温性能良好,可在-40~60℃条件下工作;

(6)电能效率高达60%;

(7)易于浮充使用,没有"记忆"效应;

(8)易于识别荷电状态。

2)铅酸蓄电池的缺点

(1)比能量低,在电动汽车中所占的质量和体积较大,一次充电行驶里程短;

(2)使用寿命短,使用成本高;

(3)充电时间长;

(4)铅是重金属,存在污染。

3.1.3 镍氢电池

1. 镍氢电池介绍

镍氢电池(见图3-7)是一种碱性电池,单体电池电压为1.2 V,比能量为75~80 W·h/kg,比功率为160~230 W/kg,能量密度达到200 W·h/kg,功率密度为400~600 W/kg。镍氢电池内部结构如图3-8所示。

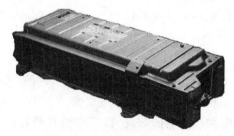

图3-7 雪佛兰Malibu混合动力42 V镍氢蓄电池

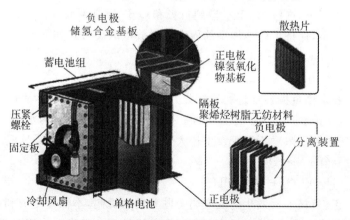

图3-8 镍氢电池内部结构

2. 镍氢电池的结构

(1)镍氢电池是采用金属镉作负极活性物质,氢氧化镍作正极活性物质的碱性蓄电池。

(2)正、负极材料分别填充在穿孔的附镍钢带(或镍带)中,经拉浆、滚压、烧结、涂膏、烘干、压片等方法制成极板;用聚酰胺非织布等材料作隔离层;用氢氧化钾水溶液作电解质溶液;电极经卷绕或叠合组装在塑料或镀镍钢壳内。

3. 镍氢电池工作原理

镍氢电池的电解质为30% KOH溶液,并在其中加入少量的NaOH和LiOH。将球状$Ni(OH)_2$粉末与添加剂、黏合剂制成涂膏,涂在正极板上。正极活性物质为$Ni(OH)_2$(充电时)和NiOOH(放电时)。$Ni(OH)_2$中镍离子的为2价,NiOOH中镍离子的为3价,$Ni(OH)_2$和NiOOH可以互相转化,$Ni(OH)_2$可以氧化成NiOOH,NiOOH可还原成$Ni(OH)_2$。电池负极为储氢合金,由能反复吸收和释放出氢原子的合金晶格构成。负极活性物质为H_2(放电时)和H_2O(充电时)。

电池放电时,在负极发生氧化反应,正极发生还原反应。负极参加反应的活性物质为储氢金属合金MH_x,释放出的H原子,失去电子成为H^+,再和电极附近电解质的OH^-复合生成H_2O;正极的活性物质为NiOOH,得到电子还原成$Ni(OH)_2$。放电时的电化学反应式如下。

负极: $MH_x + OH^- \rightarrow M + H_2O + e$

正极: $NiOOH + H_2O + e \rightarrow Ni(OH)_2 + OH^-$

总反应: $MH_x + NiOOH \rightarrow M + Ni(OH)_2$

电池充电时,负极发生还原反应,正极发生氧化反应。负极参加反应的活性物质此时为H_2O,得到电子还原成H和OH^-,其中H和储氢金属结合;正极的活性物质为$Ni(OH)_2$,被氧化成NiOOH。充电时的电化学反应式如下。

负极: $M + H_2O + e \rightarrow MH_x + OH^-$

正极: $Ni(OH)_2 + OH^- \rightarrow NiOOH + H_2O + e$

总反应: $M + Ni(OH)_2 \rightarrow MH_x + NiOOH$

由充放电的反应式可见,镍氢电池的充放电过程是可逆的,负极发生H_2和H_2O间的可逆变换,正极发生$Ni(OH)_2$和NiOOH间的可逆变换。

电池有时会出现过放电和过充电的情况,镍氢电池有较好的耐过充过放的能力。过放电时,正极活性物质NiOOH消耗完了,此时正极的H_2O被还原成H_2和OH^-,但是在负极储氢金属的催化作用下,这些H_2又扩散到负极和OH^-反应生成水。可见,过放电时电池的总反应的净结果为零,保持了电池体系的稳定。过放电的反应式如下。

正极: $2H_2O + 2e \rightarrow H_2 + 2OH^-$

负极: $H_2 + 2OH^- \rightarrow 2H_2O + 2e$

镍氢电池一般采用负极容量过剩的配置方式。在过充电时,正极活性物质$Ni(OH)_2$消耗完后,继续充电正极会产生O。通过隔膜扩散在负极上重新化合为水,既保持了电池内压的恒定,同时又使电解质浓度不至于发生过大变化。正、负极发生如下反应。

正极: $4OH^- \rightarrow 2H_2O + O_2 + 4e$

负极: $H_2O + O_2 + 4e \rightarrow 4OH^-$

镍氢电池的正、负极上所发生的反应属于固相转变机制,不额外生成和消耗电解液,正、负极都具有较高的稳定性,因此可以实现密封和免维护。负极容量大于正极容量的设计,加上储氢金属会起到储氢和参与电化学反应的双重作用,使得正极在过充析出的 O_2 和过放析出的 H_2 都能被储氢金属负极吸收,故镍氢电池具有良好的耐过充过放能力。

4. 镍氢电池的优点

(1)比能量达 75~80 W·h/kg,比功率可达 300 W/kg。

(2)使用寿命较长,循环充放电达 1000 次。

(3)过充、过放电能力较强。

(4)绿色环保,不含铅、镉等对人体有害的金属。

(5)使用温度范围宽,可以在 -23℃~55℃下正常工作。

5. 镍氢电池的缺点

(1)自放电损耗较大,月损失 20%~40%。

(2)对温度敏感,温度对放电电压和容量有较大影响。

(3)目前成本较高,是铅酸电池价格的 5 倍以上。

(4)单体电池电压较低,为 1.2 V。

3.1.4 锂离子电池

锂离子电池指的是以两种不同的能够可逆地插入及脱出锂离子的嵌锂化合物分别作为电池正极和负极的二次电池体系。锂离子电池是从锂电池衍生发展而来。锂电池的负极是金属锂,第一个商品化的可充式锂-二硫化钼电池于 20 世纪 80 年代研制成功,缺点是形成的锂枝晶易导致正负极间的隔膜穿孔引起电池短路。法国的 Armand 提出,采用在很低电压就能使锂离子嵌入脱出的材料来代替金属锂,进而发展出正极和负极采用锂离子嵌入材料的锂离子电池。

很长一段时间以来,我们使用的煤炭、石油和天然气都是化石燃料,这样的能源结构使得环境污染严重,并且由此导致的全球变暖问题和生态环境恶化问题受到越来越多的关注。所以,可再生能源和新能源的发展成为在未来技术领域和未来经济世界的一个最具有决定性的影响。锂离子电池作为一种新的二次清洁且可再生能源,其具有工作电压高,质量轻,能量密度大等优点,在电动工具、数码相机、手机、笔记本电脑等领域得到了广泛的应用,并且显示出强大的发展趋势。

二十世纪六七十年代,几乎在锂电池发明的同时,相关研究发现许多插层化合物可以与金属锂发生可逆反应。早在 20 世纪 70 年代 Whittingham 提出了分层组织作为阴极,金属锂作为阳极的 Li-TiS2 系统。

1976 年,Whittingham 证实了系统的可靠性。随后,对 Li-TiS2 系统进行深入研究,并希望其商业化。但是,系统很快就暴露出许多致命的缺陷。首先,活性金属锂容易导致有机电解液的分解,使电池内部压力增大。由于锂电极表面的表面电位分布不均匀,在锂金属的电荷将在锂沉积的阴极,产生锂"枝晶"。一方面会造成可逆嵌锂容量损失,另一方面,枝晶可以穿透隔膜和负极连接,造成电池内部短路,瞬间吸收大量的热,发生爆炸,导致严重的安全隐患。这一系列因素导致金属锂电池的循环性能和安全差异,所以 Li-TiS2 系统未能实现商业化。

1982 年,伊利诺伊理工大学的 R. R. Agarwal 和 J. R. Selman 发现锂离子具有嵌入石墨的特性,此过程是快速的,并且可逆。与此同时,采用金属锂制成的锂电池,其安全隐患备受关注,因此人们尝试利用锂离子能嵌入石墨的特性制作充电电池。首个可用的锂离子石墨电极由贝尔实验室试制成功。

1983 年,M. Thackeray、J. Goodenough 等人发现锰尖晶石是优良的正极材料,具有低价、稳定和优良的导电、导锂性能,其分解温度高,且氧化性远低于钴酸锂,即使出现短路、过充电,也能够避免燃烧、爆炸的危险。

1989 年,A. Manthiram 和 J. Goodenough 发现采用聚合阴离子的正极将产生更高的电压。

1992 年,日本索尼公司发明了以炭材料为负极,以含锂的化合物作正极的锂电池。在充放电过程中,没有金属锂存在,只有锂离子,这就是锂离子电池。随后,锂离子电池改变了电子消费产品的面貌。此类以钴酸锂作为正极材料的电池,至今仍是便携电子产品的主要电源。

1996 年,Padhi 和 J. Goodenough 发现具有橄榄石结构的磷酸盐(如磷酸铁锂),比传统的正极材料更具安全性,尤其是耐高温、耐过充电的性能远超过传统的锂离子电池材料。

在电池的发展史上,你可以看到世界电池工业发展的三个特点:一是绿色环保电池的快速发展,包括锂离子电池、镍氢电池等;二是电池的转换,这是一个可持续发展策略;三是光电池,进一步向小、薄的方向发展。在电池的商业化中,锂离子电池的比例是最高的,特别是聚合物锂离子电池,可实现薄形的充电电池。由于锂离子电池的体积小,能量高,质量轻,并且可以充电、无污染,具有电池行业发展的三个主要特点,所以它在发达国家迅速增长。近年来,电子信息市场的发展,特别是移动电话和笔记本电脑的使用,为锂离子电池带来更多的市场机会。由于锂离子电池具有安全的独特优势,它将逐步取代传统电池成为主流。聚合物锂离子电池被称为二十一世纪的电池,这是一个锂离子电池的新时代,其发展前景非常乐观。

1. 锂离子电池的结构

锂离子电池主要由正极、负极、电解质、隔膜、正极引线、负极引线、中心端子、绝缘材料、安全阀、密封圈、PTC(正温度控制端子)和蓄电池壳(或盖板)组成(见图3-9)。负极与蓄电池壳接触,并且将负极镍带点焊在蓄电池壳内壁上;隔膜处于正极和负极之间,起隔离作用;正极片被包在内层,正极极耳将正极与蓄电池壳连为一体,正极极耳缠有高温胶纸;电解质分布于极片、隔膜纸及蓄电池内部,电芯底部缠有普通胶纸。

图 3-9 锂离子电池

2. 锂离子电池工作原理

锂离子电池以碳素材料作为负极,以含锂的化合物作为正极,没有金属锂存在,只有锂离子,这就是锂离子电池。锂离子电池是指以锂离子嵌入化合物为正极材料电池的总称。锂离子电池的充放电过程,就是锂离子的嵌入和脱嵌过程。在锂离子的嵌入和脱嵌过程中,同时伴随着与锂离子等当量电子的嵌入和脱嵌(习惯上正极用嵌入或脱嵌表示,而负极用插入或脱插表示)。在充放电过程中,锂离子在正、负极之间往返嵌入/脱嵌和插入/脱插,被形象地称为"摇椅电池"。

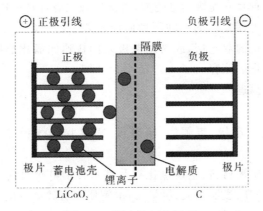

图 3-10　锂电池工作原理

当对电池进行充电时,电池的正极上有锂离子生成,生成的锂离子经过电解液运动到负极。而作为负极的碳呈层状结构,它有很多微孔,达到负极的锂离子就嵌入碳层的微孔中,嵌入的锂离子越多,充电容量越高。同样,当对电池进行放电时(即我们使用电池的过程),嵌在负极碳层中的锂离子脱出,又运动回正极。回正极的锂离子越多,放电容量越高。

一般锂电池充电电流设定在 0.2 C 至 1 C 之间,电流越大,充电越快,同时电池发热也越大。而且,过大的电流充电,容量不够满,因为电池内部的电化学反应需要时间。就跟倒啤酒一样,倒太快的话会产生泡沫,反而倒不满。

3. 锂离子电池的特点

1) 锂离子电池的优点

锂离子电池有许多显著特点,它的优点主要表现为:

(1) 工作电压高。锂离子电池工作电压为 3.6 V,是镍氢和镍镉电池工作电压的 3 倍。

(2) 比能量高。锂离子电池比能量已达到 150 W·h/kg,是镍镉电池的 3 倍,镍氢电池的 1.5 倍。

(3) 循环寿命长。目前锂离子电池循环寿命已达到 1000 次以上,在低放电深度下可达几万次,超过了其他几种电池。

(4) 自放电率低。锂离子电池的自放电率仅为 6%～8%,远低于镍镉电池(25%～30%)和镍氢电池(15%～20%)。

(5) 无记忆性。可以根据要求随时充电,而不会降低电池性能。

(6) 对环境无污染。锂离子电池中不存在有害物质,是名副其实的"绿色电池"。

(7) 能够制造成任意形状。

2)锂离子电池的不足

锂离子电池也有一些不足,主要表现在:

(1)成本高。主要是正极材料 $LiCoO_2$ 的价格高,但按单位瓦时的价格来计算,已经低于镍氢电池,与镍镉电池持平,但高于铅酸蓄电池。

(2)必须有特殊的保护电路,以防止过充。

3.1.5 超级电容电池

超级电容电池是一种具有超级储电能力、可提供强大脉冲功率的物理二次电源,它是介于蓄电池和传统静电电容器之间的一种新型储能装置。超级电容电池主要是利用电极/电解质界面电荷分离所形成的双电层,或借助电极表面快速的氧化还原反应所产生的法拉第准电容来实现电荷和能量的储存。

1. 超级电容的结构原理

1)结构

超级电容单体主要由电极、电解质、集电极、隔离膜连线极柱、密封材料和排气阀等组成。

电极材料一般有碳电极材料、金属氧化物及其水合物电极材料、导电聚合物电极材料,要求电极内阻小、导电率高、表面积大、尽量薄;电解质需有较高导电性(内阻小)和足够电化学稳定性(提高单体电压),电解质材料分为有机类和无机类,或分为液态和固态类;集电极选用导电性能良好的金属和石墨等来充当,如泡沫镍、镍网(箔)、铝箔、钛网(箔)以及碳纤维等;隔离膜防止超级电容相邻两电极短路,保证接触电阻较小且尽量薄,通常使用多孔隔膜。有机电解质通常使用聚合物或纸作为隔膜,水溶液电解质可采用玻璃纤维或陶瓷隔膜。

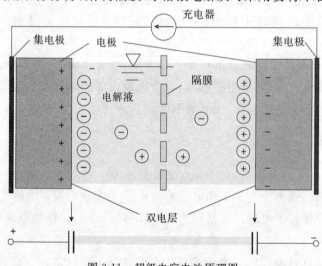

图 3-11 超级电容电池原理图

2)原理

超级电容器既拥有与传统电容器一样较高的放电功率,又拥有与电池一样较大的储存电荷的能力。但因其放电特性仍与传统电容器更为相似,所以仍可称之为"电容"。到现在为止,对于超级电容器的名称还没有统一的说法,有的称之为"超电容器",有的称之为"电化学电容器""双电层电容器",有的还称之为"超级电容器",总之名称还不统一。但是有人提出根据其储能机理,分为双电层电容器(靠电极-电解质界面形成双电层)和赝电容器(靠快速可逆的化学吸脱附或氧化还原反应产生赝电容)两类。

(1)双电层电容器的基本原理。

双电层电容器是利用电极材料与电解质之间形成的界面双电层来存储能量的一种新型储能元件。当电极材料与电解液接触时,由于界面间存在着分子间力、库仑力或者原子间力的相互作用,会在固液界面处出现界面双电层,是一种符号相反的、稳定的双层电荷。对于一个电极－溶液体系来说,体系会因电极的电子导电和电解质溶液的离子导电而在固液界面上形成双电层。当外加电场施加在两个电极上后,溶液中的阴、阳离子会在电场的作用下分别向正、负电极迁移,而在电极表面形成所谓的双电层;当外加电场撤销后,电极上具有的正、负电荷与溶液中具有相反电荷的离子会互相吸引而使双电层变得更加稳定,这样就会在正、负极间产生稳定的电位差。

在体系中对于某一电极来说,会在电极表面一定距离内产生与电极上的电荷等量的异性离子电荷,来使其保持电中性;将两极和外电源连接时,由于电极上的电荷迁移作用而在外电路中产生相应的电流,而溶液中的离子迁移到溶液中的会呈现出电中性,这就是双电层电容器的充放电原理。

从理论上说,双电层中存在的离子浓度要大于溶液本体中的离子浓度,这些浓度较高的离子受到固相体系中异性电荷吸引的同时,还会有一个扩散回溶液本体浓度较低区域的趋势。电容器的这种储能过程是可逆的,因为它是通过将电解质溶液进行电化学极化实现的,整个过程并没有产生电化学反应。双电层电容器的工作原理如图 3-12 所示。

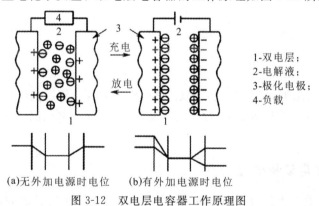

图 3-12 双电层电容器工作原理图

(2)法拉第准电容器的基本原理。

法拉第准电容器是在双电层电容器后发展起来的,有人将其简称为准电容。这种电容的产生是因为电极活性物质在其表面或者体相中的二维或者准二维空间上,进行了欠电位的沉积作用,而发生了化学吸脱附或是氧化还原反应。

对法拉第准电容来说,它的电荷储存过程包括双电层上的电荷存储和由于氧化还原反应电解液中的离子在电极活性物质中将电荷储存于电极中这两部分。在电极表面会发生法拉第赝电容,这与双电层电容器电荷存储机制是完全不同的,其中一个原因是电荷存储是一个法拉第过程,另一个原因是赝电容的出现还与其他因素有关,这些关系可能源于电极接受电荷的程度(Δq)和电势变化(ΔV)之间的热力学因素。

化学吸脱附机制的过程一般为:电解液中的 H^+ 或 OH^- 离子(一般为这两种)会在外加电场的作用下,从溶液中迁移到电极材料表面,然后通过电极－电解液的界面电化学作用进入电极活性物质的体相中。当对其充电时,法拉第准电容器原理如图 3-13 所示。

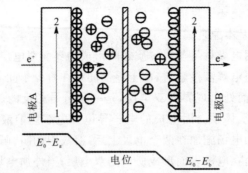

E_0-E_a：充电状态正极电位　　E_0-E_b：充电状态负极电位

图 3-13　法拉第准电容器充电时的原理图

任务 3.2　电动汽车动力装置

【知识目标】
1. 掌握驱动电动机的分类。
2. 了解驱动电动机的额定指标。
3. 掌握驱动电动机的分类。

【能力目标】
1. 能够描述电动汽车对电动机的要求。
2. 能够判断电动机的类别。

【任务引入】
电动机是电动汽车驱动系统的核心部件，其性能的好坏直接影响电动汽车驱动系统的性能，特别是电动汽车的最高车速、加速性能及爬坡性能等。下面来认识一下驱动电动机吧！

【任务实施】

3.2.1　驱动电动机概述

电动汽车驱动电动机是指应用于电动汽车上，用于驱动车轮运动的电动机。其任务是在驾驶员的控制下，高效率地将蓄电池的电量转化为车轮的动能，或者将车轮的动能反馈到蓄电池中。

1. 电动机的组成和工作原理

(1) 电动机由壳体、定子、转子、解析器、高压导线组成（见图 3-14、图 3-15）。

图 3-14　电动机

图 3-15　电动机结构

(2)直流电动机的工作原理图如图 3-16 所示。图中,定子有一对 N、S 极,电枢绕组的末端分别接到两个换向片上,正、负电刷 A 和 B 分别与两个换向片接触。

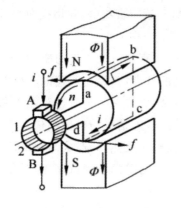 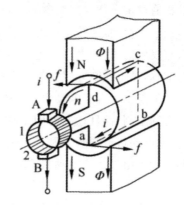

(a) 导体ab处于N极下　　　　　　(b) 导体ab处于S极下

图 3-16　电动机工作原理

直流电动机的转速控制方法主要有电枢调压控制、磁场控制和电枢回路电阻控制。

电枢调压控制是指通过改变电枢的端电压来控制电动机的转速。这种控制只适合电动机基速以下的转速控制,它可保持电动机的负载转矩不变,电动机转速近似与电枢端电压成比例变化,所以称为恒转矩调速。直流电动机采用电枢调压控制可实现在宽广范围内的连续平滑的速度控制,调速比一般可达 1:10,如果与磁场控制配合使用,调速比可达 1:30。电枢调压控制的调速过程:当磁通保持不变时,减小电压,由于转速不立即发生变化,反电动势也暂时不变化,由于电枢电流减小了,转矩也会减小。如果阻转矩未变,则转速下降。随着转速的降低,反电动势减小,电枢电流和转矩就随之增大,直到转矩与阻转矩再次平衡为止,但这时转速已经较原来降低了。

2. 电动汽车对电动机的要求

电动汽车在行驶过程中,经常频繁地启动/停车、加速/减速等,这就要求电动汽车中的电动机比一般工业应用的电动机性能更高。基本要求如下:

(1)电动机的运行特性要满足电动汽车的要求,在恒转矩区,要求低速运行时具有大转矩,以满足电动汽车启动和爬坡的要求;在恒功率区,要求低转矩时具有高的速度,以满足电动汽车在平坦的路面能够高速行驶的要求。

(2)电动机应具有瞬时功率大、带负载启动性能好、过载能力强,加速性能好,使用寿命长的特点。

(3)电动机应在整个运行范围内,具有很高的效率,以提高一次充电的续驶里程。

(4)电动机应能够在汽车减速时实现再生制动,将能量回收并反馈给蓄电池,使得电动汽车具有最佳能量的利用率。

(5)电动机应可靠性好,能够在较恶劣的环境下长期工作。

(6)电动机应体积小,质量轻,一般为工业用电动机的 1/2~1/3。

(7)电动机的结构要简单坚固,适合批量生产,便于使用和维护。

(8)价格便宜,从而能够减少整体电动汽车的价格,提高性价比。

(9)运行时噪声低,减少污染。

3.2.2 直流电动机

直流电动机通过定子绕组产生磁场,向转子绕组通入直流电,并用换向装置对绕组内的电流在适当时候进行换向,使转子绕组始终受到固定方向的电磁转矩。

在电动汽车发展的早期,大部分电动汽车都采用直流电动机作为驱动电动机。这类电动机技术较为成熟,具备控制方式容易,调速优良的特点,曾经在调速电动机领域内有着最为广泛的应用。但是由于直流电动机机械结构复杂,导致它的瞬时过载能力和电动机转速的进一步提高受到限制,而且在长时间工作的情况下,电动机的机械结构会产生损耗,增加维护成本。此外,电动机运转时电刷冒出的火花使转子发热,会造成高频电磁干扰,影响整车其他电器的性能。由于直流电动机有着上述缺点,目前的电动汽车正在逐渐淘汰直流电动机。

绕组励磁式直流电动机根据励磁方式的不同,可分为他励式、并励式、串励式和复励式四种类型。

1. 他励式直流电动机

他励式直流电动机的励磁绕组与电枢绕组无连接关系,而由其他直流电源对励磁绕组供电。因此励磁电流不受电枢端电压或电枢电流的影响。永磁直流电动机也可看作他励直流电动机。

他励直流电动机在运行过程中励磁磁场稳定而且容易控制,容易实现电动汽车的再生制动要求。但当采用永磁激励时,虽然电动机效率高、质量轻、体积小,但由于励磁磁场固定,电动机的机械特性不理想,驱动电动机产生不了足够大的输出转矩来满足电动汽车启动和加速时的大转矩要求。

2. 并励直流电动机

并励直流电动机的励磁绕组与电枢绕组相并联,共用同一电源,性能与他励直流电动机基本相同。并励绕组的两端电压就是电枢两端电压,但是励磁绕组用细导线绕成,其匝数很多,因此具有较大的电阻,使得通过它的励磁电流较小。

3. 串励直流电动机

串励直流电动机的励磁绕组与电枢绕组串联后,再接直流电源,这种直流电动机的励磁电流就是电枢电流。这种电动机内磁场随着电枢电流的改变有显著的变化。为了不在励磁绕组中引起大的损耗和电压降,励磁绕组的电阻越小越好,所以串励直流电动机通常用较粗的导线绕成,绕组匝数较少。

4. 复励直流电动机

复励直流电动机有并励和串励两个励磁绕组,电动机的磁通由两个绕组内的励磁电流产生。若串励绕组产生的磁通势与并励绕组产生的磁通势方向相同称为和复励。若两个磁通势方向相反,则称为差复励。

复励直流电动机的永磁励磁部分采用高磁性材料钕铁硼,运行效率高。由于电动机永磁励磁部分有稳定的磁场,因此用该类电动机构成驱动系统时易实现再生制动功能。同时由于电动机增加了增磁绕组,通过控制励磁绕组的励磁电流或励磁磁场的大小,能克服纯永磁他励直流电动机不能产生足够的输出转矩来满足电动汽车低速或爬坡时的大转矩要求的不足,而且电动机的质量或体积比串励电动机的小。

3.2.3 交流异步电动机

交流异步电动机的定子绕组通入交流电产生旋转的磁场,转子绕组切割磁力线产生感应电流,并受到电磁转矩而旋转。交流异步电动机按照转子绕组不同,分为笼型转子和绕线转子两种。

1. 异步电动机的结构

异步电动机主要由静止的定子和旋转的转子两大部分组成,定子和转子之间存在气隙,此外,还有端盖、轴承、机座和风扇等部件。

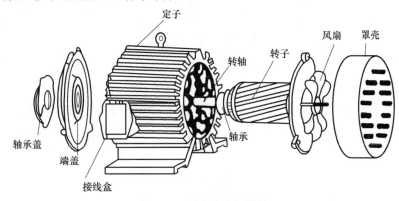

图 3-17　异步电动机结构

2. 工作原理

1) 旋转磁场的产生

交流异步电动机转子之所以会旋转、实现能量转换,是因为气隙内有一个旋转磁场。下面讨论旋转磁场的产生。

若三相绕组连接成星形,在空间彼此相隔 120°,末端 U_2、V_2、W_2 相连,首端 U_1、V_1、W_1 接到三相对称电源上,则在定子绕组中通过三相对称的电流 i_U、i_V、i_W。若电源的相序为 U、V、W,U 的初相角为零,三相交流电波形如图 3-18 所示。

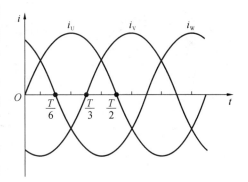

图 3-18　三相交流电波形

$t=0$ 时刻,U 相绕组内无电流,V 相绕组电流为负值,电流从 V_2 流向 V_1,W 相绕组电流为正值,电流由 W_1 流向 W_2。根据右手螺旋定则,确定合成磁场如图 3-19(a)所示,为一对磁极(上 S,下 N)。

$t=T/6$ 时刻,U 相绕组电流由 U_1 流向 U_2,V 相绕组电流未变,W 相绕组内没有电流。合成磁场如图 3-19(b)所示,同 $t=0$ 瞬间相比,合成磁场沿顺时针方向旋转了 60°。

$t=T/3$ 时刻,合成磁场沿顺时针方向又旋转了 60°,如图 3-19(c)所示。$t=T/2$ 时刻与 $t=0$ 时刻相比,合成磁场共旋转了 180°。当电流变化一个周期时,磁场在空间转过 360°(一圈)。可见,对称三相电流通入对称三相绕组所形成的合成磁场,是一个随时间变化的旋转磁场。

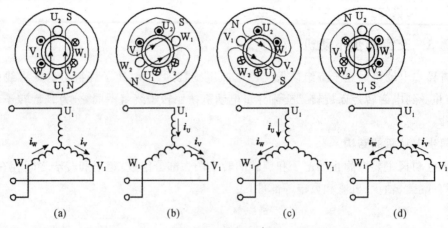

图 3-19 磁场的产生

以上分析针对的是电动机产生一对磁极的情况,当定子绕组连接形成的是两对磁极时,运用相同的方法可以分析出电流变化的一个周期,磁场只转动了半圈,即转速减慢一半。由此类推,当旋转磁场具有 P 对磁极时,交流电每变化一个周期,旋转磁场就在空间转动 $1/P$ 转。因此,三相交流电动机定子旋转磁场的转速 n_1(r/min)与交流电频率 f(Hz)及磁极对数 P 之间的关系为

$$n_1 = \frac{60f}{P}$$

2)交流异步电动机转动原理

图 3-20 所示为三相交流异步电动机转动原理示意图。三相交流电通入定子绕组后,便在气隙形成了一个旋转磁场。旋转磁场的磁力线被转子导体切割,根据电磁感应原理,转子导体产生感应电动势。转子绕组是闭合的,转子导体有电流流过。设旋转磁场按顺时针方向以转速 n_1 旋转,且在某时刻,上为 N 极,下为 S 极。旋转磁场顺时针旋转,等效于磁场不动,转子导体逆时针方向切割磁力线。根据右手定则,上半部转子导体的电动势和电流方向由里向外,下半部则由外向里。由于载流导体在磁场中要受到力的作用,因此用左手定则确定上、下转子导体所受电磁力的方向。电磁力对转轴形成的电磁转矩的作用方向与旋转磁场方向一致。如此,转子便按与旋转磁场相同的方向转动起来,转速为 n。

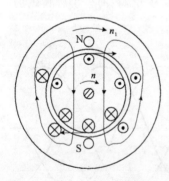

图 3-20 异步电动机工作原理

转子转速 n 总是小于旋转磁场转速 n_1,即 $n<n_1$。这是因为如果 $n=n_1$,绕组与旋转磁场之间没有相对运动,也不切割磁力线,转子绕组导体中不产生感应电动势和电流,也不存在电磁力和电磁转矩,转子就不能继续旋转。$n<n_1$ 是交流异步电动机工作的必要条件,"异步"的名称也由此而来。

转差率 s 定义为旋转磁场转速与转子转速之差与同步转速之比,表示成:

$$S=\frac{n_1-n}{n_1}$$

转差率是异步电动机的一个基本参数,对分析电动机的运转特性有重要意义。在电动机启动瞬间,$n=0,s=1$;当电动机转速达到同步转速(理想空载转速,实际运行不可能达到)时,$n=n_1,s=0$。由此可见,异步电动机在运行状态下,转差率总在 0 和 1 之间变化,即 $0<s<1$。一般情况下,在额定状态下运行时,$s=0.01\sim0.05$。

3. 交流异步电动机的特点

异步电动机的基本特点是,转子绕组不需与其他电源相连,其定子电流直接取自交流电力系统;与其他电动机相比,异步电动机的结构简单,制造、使用、维护方便,运行可靠性高,质量轻,成本低。以三相异步电动机为例,与同功率、同转速的直流电动机相比,前者质量只及后者的二分之一,成本仅为三分之一。异步电动机还容易按不同环境条件的要求,派生出各种系列产品。它还具有接近恒速的负载特性,能满足大多数工农业生产机械的使用要求。

异步电动机的局限性是,它的转速与其旋转磁场的同步转速有固定的转差率,因而调速性能较差,在要求有较宽广的平滑调速范围的使用场合,不如直流电动机经济、方便。此外,异步电动机运行时,从电力系统吸取无功功率以励磁,这会导致电力系统的功率因数变坏。因此,在大功率、低转速场合不如用同步电动机合理。

1)交流异步电动机的优点

(1)结构简单、体积小、质量轻。在相同功率的条件下,交流异步电动机的质量约为直流电动机的一半。

(2)运行可靠,维护方便,使用寿命长。

(3)效率高于有刷直流电动机。

(4)由于技术成熟、应用广泛,目前已有大规模生产,故成本较低。

2)交流异步电动机存在的不足

(1)由于转子转速与旋转磁场同步转速有转差率,因而调速性能较差,在要求有较宽广的平滑调速范围的使用场合,不如直流电动机经济、方便。

(2)运行时从电力系统吸取无功功率以建立磁场,因此功率因数较低。

(3)交流异步电动机是多变量的非线性系统,控制比较复杂。

3.2.4 永磁同步电动机

永磁同步电动机的定子与交流异步电动机类似,通入交流电产生旋转磁场,但转子用永磁体取代电枢绕组,电动机转速与旋转磁场转速同步。

永磁同步电动机分为正弦波驱动电流的永磁同步电动机和方波驱动电流的永磁同步电动机两种。这里主要介绍三相正弦波驱动的永磁同步电动机。

1. 永磁同步电动机结构

永磁同步电动机的结构示意图如图 3-21 所示。

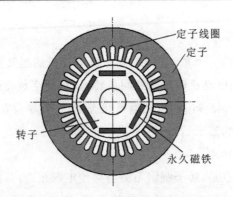

图 3-21 永磁同步电动机的结构示意图

定子与普通感应电动机基本相同,由电枢铁芯和电枢绕组构成。电枢铁芯一般采用 0.5 mm 硅钢冲片叠压而成,对于具有高效率指标或频率较高的电动机,为了减少铁耗,可以考虑使用 0.35 mm 的低损耗冷轧无取向硅钢片。电枢绕组则普遍采用三相双层短距分布绕组;对于极数较多的电动机,则普遍采用分数槽绕组;需要进一步改善电动势波形时,也可以考虑采用正弦绕组或其他特殊绕组。

按照永磁体在转子上位置的不同,永磁同步电动机的磁极结构可分为表面式和内置式两种。

1) 表面式转子磁极结构

表面式转子磁极结构中,永磁体通常呈瓦片形,并位于转子铁芯的外表面上,永磁体提供磁通的方向为径向。表面式结构又分为凸出式和嵌入式两种,如图 3-22 所示。

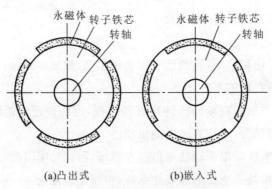

图 3-22 表面式磁极结构

2) 内置式转子结构

按永磁体磁化方向与转子旋转方向的相互关系,可将内置式转子结构分为径向式、切向式和混合式三种。

图 3-23 内置式转子结构

2. 永磁同步电动机的优点

永磁同步电动机与其他电动机相比，具有以下优点：

(1) 用永磁体取代绕线式同步电动机转子中的励磁绕组，从而省去了励磁线圈、滑环和电刷，以电子换向实现无刷运行，结构简单，运行可靠。

(2) 永磁同步电动机的转速与电源频率间始终保持准确的同步关系，控制电源频率就能控制电动机的转速。

(3) 永磁同步电动机具有较硬的机械特性，对于因负载的变化而引起的电动机转矩的扰动具有较强的承受能力，瞬间最大转矩可以达到额定转矩的三倍以上，适合在负载转矩变化较大的工况下运行。

(4) 永磁电动机转子为永久磁铁无须励磁，因此电动机可以在很低的转速下保持同步运行，调速范围宽。

(5) 永磁同步电动机与异步电动机相比，不需要无功励磁电流，因而功率因数高，定子电流和定子铜耗小，效率高。

(6) 体积小、质量轻。近些年来随着高性能永磁材料的不断应用，永磁同步电动机的功率密度得到很大提高，和同容量的异步电动机相比，体积和质量都有较大地减少，使其适合应用在许多特殊场合。

(7) 结构多样化，应用范围广。

3. 永磁同步电动机的缺点

(1) 由于永磁同步电动机转子为永磁体，无法调节，必须通过加定子直轴去磁电流分量来削弱磁场，这会增大定子的电流，增加电动机的铜耗。

(2) 永磁电动机的磁钢价格较高。

由此可见，永磁电动机体积小，质量轻，转动惯量小，功率密度高(可达1kW/kg)，适合电动汽车空间有限的特点；另外，转矩惯量比大，过载能力强，尤其低转速时输出转矩大，适合电动汽车的启动加速。因此，永磁电动机得到国内外电动汽车界的广泛重视，并已在日本得到了普遍应用，日本新研制的电动汽车大都采用永磁电动机驱动。比较典型的是在丰田普锐斯混联式混合动力轿车上的应用。

4. 永磁同步电动机的工作原理与运行特性

永磁同步电动机带负载时，气隙磁场是永磁体磁动势和电枢磁动势共同建立的。电枢磁动势对气隙磁场有影响，电枢磁动势的基波对气隙磁场的影响称为电枢反应。电枢反应不仅会使气隙磁场波形发生畸变，而且还会产生去磁或增磁作用，因此，气隙磁场将影响永磁同步电动机的运行特性。

对永磁同步电动机进行分析时，需要采用双反应理论，即需要把电枢电流和电枢电动势分解成交轴和直轴两个分量。交轴电枢电流产生交轴电枢电动势，发生交轴电枢反应；直轴电枢电流产生直轴电枢电动势，发生直轴电枢反应。

3.2.5 开关磁阻电动机

开关磁阻电动机定子和转子都是凸电极结构，只有定子上有绕组，转子无绕组。通过向定子各相绕组按一定次序通入电流,在电动机内部产生磁场,此时转子受电磁转矩,并沿着与通电次序相反的方向转动。

开关磁阻电动机(switched reluctance drive,SRD)是继变频调速系统、无刷直流电动机调速系统之后发展起来的最新一代无级调速系统,是集现代微电子技术、数字技术、电力电子技术、红外光电技术及现代电磁理论、设计和制造技术为一体的光机电一体化高新技术。它具有调速系统兼具直流、交流两类调速系统的优点。英、美等经济发达国家对开关磁阻电动机调速系统的研究起步较早,并已取得显著成果,产品功率等级从数瓦直到数百千瓦,广泛应用于家用电器、航空、航天、电子、机械及电动车辆等领域。

1. 开关磁阻电动机的结构与特点

1)开关磁阻电动机的结构

(1)开关磁阻电动机是由双凸极的定子和转子组成,其定子、转子的凸极均由普通的硅钢片叠压而成。定子极上绕有集中绕组,把沿径向相对的两个绕组串联成一个两级磁极,称为"一相";转子既无绕组又无永磁体,仅由硅钢片叠成。

(2)开关磁阻电动机有多种不同的相数结构,如单相、二相、四相及多相等,且定子和转子的极数有多种不同的搭配。低于三相的开关磁阻电动机一般没有自启动能力。相数多,有利于减小转矩脉动,但结构复杂、主开关器件多、成本增高。目前应用较多的是四相8/6极结构和三相6/4极结构。

2)开关磁阻电动机的特点

开关磁阻电动机与其他电动机相比,具有以下优点:

(1)可控参数多,调速性能好。可控参数有主开关开通角、主开关关断角、相电流幅值、直流电源电压,控制方便,可四象限运行,容易实现正转、反转和电动、制动等特定的调节控制。

(2)结构简单,成本低。开关磁阻电动机转子无绕组,也不加永久磁铁,定子为集中绕组,永磁电动机及感应电动机都简单,制造和维护方便;它的功率变换器比较简单,主开关元件数较少,电子器件少。

(3)损耗小,运转效率高。开关磁阻电动机的转子不存在励磁及转差损耗,功率变换器元器件少,相应的损耗也小;控制灵活,易于在很宽转速范围内实现高效节能控制。

(4)启动转矩大,启动电流小。在15%额定电流的情况下就能达到100%的启动转矩。

由于开关磁阻电动机的特殊结构和工作方式,因此也存在一些缺点:

(1)转矩脉动现象较大;

(2)振动和噪声相对较大,特别是在负载运行的时候;

(3)电动机的出线头相对较多,还有位置检测器出线端;

(4)电动机的数学模型比较复杂,其准确的数学模型较难建立;

(5)控制复杂,依赖于电动机的结构。

2. 开关磁阻电动机的工作原理与运行特性

1) 开关磁阻电动机的工作原理

开关磁阻电动机的工作遵循磁通总是沿磁阻最小路径闭合的原理。当定子、转子凸极中心线不重合,所产生的磁场的磁力线是扭曲的,此时磁阻不是最小,这时磁场就会产生磁拉力,形成磁阻转矩,试图使相近的转子凸极旋转到与定子凸极中心线对齐,即磁阻最小的位置。图3-24所示是开关磁阻电动机原理图,定子绕组有 A、B、C、D 四相,但只画出了其中的 A 相绕组。当只对 B 相绕组通电时,产生以 BB′为轴线的磁场,此时转子凸极 2 与定子凸极 B 不对齐,磁阻并不是最小,为使磁路的磁阻最小,转子受磁阻转矩的作用而顺时针旋转,直到凸极 2 与定子凸极 B 相对。然后,切断绕组 B 的电流,只给绕组 A 通电流,产生以 AA′为轴线的磁场,为使磁路磁阻最小,磁

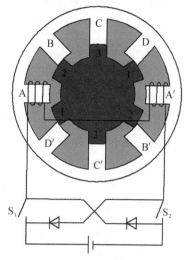

图3-24 开关磁阻电动机原理图

场产生的磁阻转矩使转子凸极 1 顺时针旋转至与定子凸极 A 相对。如此,定子绕组按 BADC 的顺序依次通电,转子将以顺时针的方向旋转;若定子绕组按 BCDA 的顺序依次通电,转子将以逆时针方向旋转。可见,当向定子各相绕组中依次通入电流时,电动机转子将持续地沿着通电相序相反的方向转动。如果改变定子各相的通电次序,电动机也会改变转向。但相电流通流方向的改变不会影响转子的转向。

2) 开关磁阻电动机的运行特性

开关磁阻电动机的运行特性可分为三个区域:恒转矩区、恒功率区、自然特性区(串励特性区)。

(1) 恒转矩区。

(2) 恒功率区。

(3) 自然特性区。

3. 开关磁阻电动机的控制

1) 角度位置控制方式(APC)

角度位置控制是在绕组电压一定的情况下,通过改变绕组上主开关的开通角和关断角,来改变绕组的通、断电时刻,调节相电流的波形,实现转速闭环控制。

根据电动势平衡方程式可知,当电动机转速较高时,旋转电动势较大,则此时电流上升率下降,各相的主开关器件的导通时间较短,电动机绕组的相电流不易上升,电流相对较小,便于使用角度位置控制方式。

因为开通角和关断角都可调节,角度位置控制可分为:变开通角、变关断角和同时改变开通角及关断角三种方式。改变开通角,可改变电流波形的宽度、峰值和有效值的大小,还可改变电流波形与电感波形的相对位置,从而改变了电动机的转矩和转速。而关断角一般

不影响电流的峰值,但可改变电流波形的宽度及其与电感曲线的相对位置,进而改变电流的有效值。故一般采用固定关断角、改变开通角的控制方式。

根据 SRM 的转矩特性分析可知,当电流波形主要位于电感的上升区时,产生的平均电磁转矩为正,电动机工作在电动状态;当电流波形主要位于电感的下降段时,产生的平均电磁转矩为负,电动机工作在制动状态。而通过对开通角、关断角的控制,可以使电流的波形处在绕组电感波形的不同位置。因此,可以用控制开通角、关断角的方式来使电动机运行在不同的状态。

角度位置控制的优点在于:转矩调节的范围宽;可同时多相通电,以增加电动机的输出转矩,同时减小了转矩波动;通过角度的优化,能实现效率最优控制或转矩最优控制。

根据上面的分析可知,此法不适于低速场合。因为在低速时,旋转电动势较小,电流峰值会增大,必须采取相应措施进行限流,故一般用于转速较高的场合。

2)电流斩波控制

根据电动势平衡方程式可知,电动机低速运行特别是启动时,旋转电动势引起的压降很小,相电流上升快,为避免过大的电流脉冲对功率开关器件及电动机造成损坏,需要对电流峰值进行限定,因此,可采用电流的斩波控制,获取恒转矩的机械特性。电流斩波控制一般不会对开通角、关断角进行控制,它将直接选择在每相的特定导通位置对电流进行斩波控制。

目前常用的有两种方案:对电流上、下限进行限制的控制,以及限制电流上限值和恒定关断时间的控制。

该控制的优点在于:它适用于电动机的低速调速系统,可以控制电流峰值的增长,并有很好的电流调节作用:因每相电流波形会呈现出较宽的平顶状,使得产生的转矩比较平稳,转矩的波动相应地比其他控制方式要小。

然而,由于电流的峰值受到了限制,当电动机转速在负载的扰动作用下发生变化时,电流的峰值无法做出相应的改变,使得系统的特性比较软,因此系统在负载扰动下的动态响应很缓慢。

3)电压控制(VC)

VC 方式是在保持开通角、关断角不变的前提下,使功率开关器件工作在脉冲宽度调制(PWM)的方式。通过调节 PWM 波的占空比,来调整加在绕组两端电压的平均值,进而改变绕组电流的大小,实现对转速的调节。若增大调制脉冲的频率,就会使电流的波形比较平滑,电动机出力增大,噪声减小,但对功率开关器件的工作频率的要求就会提高。

按照续流方式的不同,分为单管斩波和双管斩波方式。在单管斩波方式中,连接在每相绕组中的上、下桥臂的两个开关管只有一个处于斩波状态,另一个一直导通。而双管斩波方式中,两个开关管同时导通和关断,对电压进行斩波控制。考虑到系统效率等因素,实际应用中一般常用单管斩波方式。

电压控制的优点在于,它通过调节绕组电压的平均值进而调节电流,因此可用在低速和高速系统,且控制简单,但它的调速范围有限。

在实际的 SRD 运用中,也可以采用多种控制方式相组合的方法。如高速角度控制和低速电流斩波控制组合,变角度电压斩波控制和定角度电压斩波控制等。这些组合方式各有优势及不足,因此必须针对不同的应用场合和不同的性能要求,合理地选择控制方式,才能使电动机运行于最佳状态。

4. 控制电路的功能

根据系统性能要求的不同,控制电路的具体结构形式会有很大差异,但一般均应包含以下功能:

(1)用于接受外部指令信号。如启动、转速、转向信号的操作电路。

(2)用于比较给定量与控制量,并按规定算法计算出控制参数的调节量。如调节器电路。

(3)用于决定控制电路的工作逻辑。如正反转相序逻辑、高低速控制方式的工作逻辑电路。

(4)用于检测系统中的有关物理量。如转速、角位移、电流和电压的传感器电路。

(5)用于当系统中某些物理量超过允许值时,采取相应保护措施的保护电路。如过压保护和过流保护电路。

(6)用于控制各被控量信号的输出电路。如控制功率开关器件的导通与关断电路。

(7)用于指示系统的工作状况和参数状态。如指示电动机转速、指示故障保护情况的显示电路。

任务 3.3　能量管理与回收系统

【知识目标】

1.掌握电池管理系统的作用。

2.掌握能量回收的要求。

【能力目标】

1.能够描述电池管理系统的功能和组成。

2.能够描述制动能量回收系统的结构。

【任务引入】

电动汽车能源管理系统是对动力系统能源转换装置的工作能量进行协调、分配和控制的软、硬件系统。能源管理系统的功用是在满足汽车基本技术性能和成本等要求的前提下,根据各部件的特性及汽车的运行工况,使能量在各个能源转换装置之间按最佳路线流动,从而达到最高的整车能源利用效率。下面我们来认识一下电池管理系统吧!

【任务实施】

3.3.1　电池管理系统

电池管理系统简称 BMS,在生产和售后服务资料中多称为电池 ECU。电池管理系统是集监测、控制与管理为一体的复杂的电气测控系统,也是电动汽车商品化、实用化的关键。电池管理系统是能量管理系统的核心。主要作用是保证电池组工作在安全区间,提供车辆控制所需的必要信息,在出现异常时及时响应处理,并根据环境温度、电池状态及车辆需求等决定电池的充放电功率等。

1. 电池管理系统的功能

(1)实时采集电池系统运行状态参数。实时采集电动汽车蓄电池组中的每块电池的端电压和温度、充放电电流以及电池组总电压等。由于电池组中的每块电池在使用中的性能和状态不一致,因而对每块电池的电压、电流和温度数据都要进行监测。

(2)确定电池的SOC。准确估测动力电池组的SOC,从而随时预报电动汽车储能电池还剩余多少能量或储能电池的SOC,使电池的SOC值控制在30%~70%的工作范围。

(3)故障诊断与报警。当蓄电池电量或能量过低需要充电时,及时报警,以防止电池过放电而损害电池的使用寿命;当电池组的温度过高,非正常工作时,及时报警,以保证蓄电池正常工作。

(4)电池组的热平衡管理。电池热平衡管理系统是电池管理系统的有机组成部分,其功能是通过风扇等冷却系统和热电阻加热装置使电池温度处于正常的工作温度范围内。

(5)一致性补偿。当电池之间有差异时,采用一定的措施进行补偿,保证电池组表现能力更强,并采用一定的手段来显示性能不良的电池位置,以便修理替换。一般采用充电补偿功能。设计有旁路分流电路,以保证每个单体都可以充满电,这样可以减缓电池老化的进度,延长电池的使用寿命。

(6)通过总线实现各检测模块和中央处理单元的通信。在电动汽车上实现电池管理的难点和关键在于如何根据采集的每块电池的电压、温度和充放电电流的历史数据,建立确定每块电池剩余能量的较精确的数学模型,即准确估计电动汽车蓄电池的SOC状态。

图3-25所示为电池管理系统的基本功能框架图。

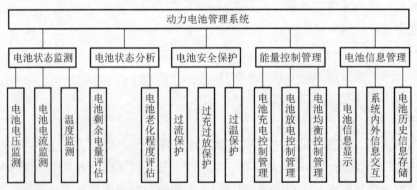

图3-25 电池管理系统的基本功能框架图

2. 电池管理系统的组成

根据电动车辆所采用的电池的类型和电池组的组合方法可将电池管理系统分为热(温度)管理子系统、电池组管理子系统、线路管理子系统,如图3-26所示。

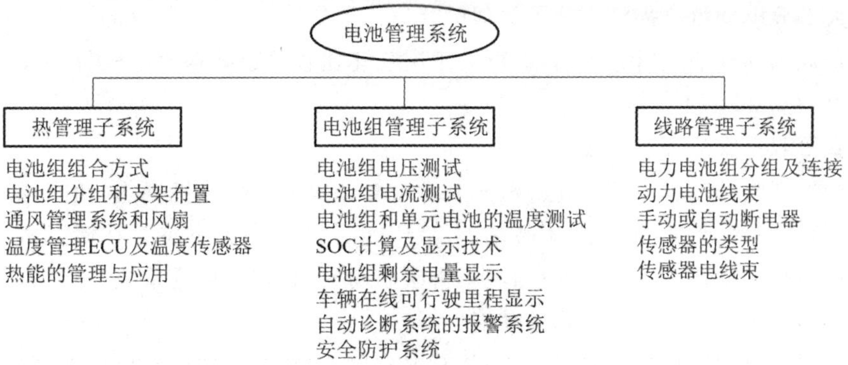

```
                          电池管理系统
                    ┌──────────┼──────────┐
              热管理子系统   电池组管理子系统   线路管理子系统
```

电池组组合方式　　　　电池组电压测试　　　　　　电力电池组分组及连接
电池组分组和支架布置　电池组电流测试　　　　　　动力电池线束
通风管理系统和风扇　　电池组和单元电池的温度测试　手动或自动断电器
温度管理ECU及温度传感器　SOC计算及显示技术　　　传感器的类型
热能的管理与应用　　　电池组剩余电量显示　　　　传感器电线束
　　　　　　　　　　　车辆在线可行驶里程显示
　　　　　　　　　　　自动诊断系统的报警系统
　　　　　　　　　　　安全防护系统

图 3-26　电池管理系统的组成

3. 电池管理系统的发展方向

电池管理系统是电动汽车和电池的核心部件,得到了企业的重视,取得了一定的成果,但是现在的能量管理技术仍然有许多要改良和完善的地方。

(1)电池管理系统成本高,电路复杂,电池在充放电过程中的化学变化也很复杂,而且电动汽车在运行中,其放电电流是随机变化的,电池电压与容量很难进行准确测量,建立每块电池剩余能量的较精确的数学模型比较困难,如何降低成本并能准确估测电动汽车电池模块的 SOC 状态仍将是后期研究的重点。

(2)电池模块的安全预警技术也是能量管理系统的重要研究方向之一,关系到电动汽车能否正常运行和能否获得大众的认可。安全预警除了电池组热平衡管理技术和对系统异常报警技术外,同时还需要加强对特殊情况的及时处理,如电池模块的过电压、过电流、欠电压等。

(3)由于电池组管理系统软件规模越来越庞大,运行的外部环境也越来越复杂,电池组管理系统在运行中经常会出现一些无规律的异常现象,如局部功能失效、短时间的数据跳变等。传统的跟踪手段很难判断异常的出现。因此,发展更高级的配套跟踪系统已成为目前的研究重点。

(4)目前,国内外比较成熟的电池管理系统技术主要是针对某一动力系统设计的,效果比较好,但是不同的电动汽车动力传动结构有不同的系统配置、不同的电池管理系统和管理体系结构,加上高效的实时性能,大大增加了控制任务的复杂性。因此,研究新的动力传动配置和控制器及更具有通用性的电池管理系统已经成为目前的发展方向。

3.3.2　能量回收系统

1. 能量回收系统的功用

能量回收是指电动汽车在减速制动(刹车或者下坡)时将汽车的部分动能转化为电能,转化的电能储存在储存装置中,如各种蓄电池、超级电容和超高速飞轮,最终增加电动汽车的续驶里程。如果储能器已经被完全充满,再生制动就不能实现,所需的制动力就只能由常规的制动系统提供。

制动能量回收就是把电动汽车电动机无用的、不需要的或有害的惯性转动产生的动能转化为电能,并回馈给蓄电池。同时产生制动力矩,使电动机快速停止惯性转动,这个总过程也称为再生制动。

现在大部分电动汽车都已安装了类似的装置以节约制动动能、回收部分制动动能,为驾驶者提供常规制动性能。研究表明,在行驶工况变化比较频繁的路段,采用制动能量回收可增加续驶里程约 20%。

2. 能量回收系统的工作原理

制动能量回收的基本原理是先将汽车制动或减速时的一部分机械能(动能)经再生系统转换(或转移)为其他形式的能量(旋转动能、液压能、化学能等),并储存在储能器中,同时产生一定的负荷阻力使汽车减速制动;当汽车再次启动或加速时,再生系统又将储存在储能器中的能量再转换为汽车行驶所需要的动能(驱动力)。

制动踏板提供制动信号,信号传递到整车电控单元,整车电控单元根据车辆运行状况及其他电控单元的状态,决定是否进行制动能量回收,并分配制动能量回收时辅助制动力矩的大小。车辆在高速滑行或下坡滑行时,具有极大的动能,许多情况下驾驶人都会通过踩下制动踏板对车辆实现机械制动,达到缩短滑行距离或限制车速的目的,但这部分动能以热量的形式散失掉了。采用图 3-27 所示的控制方式,可方便地实现车辆处于滑行状态时减速能量的回收。

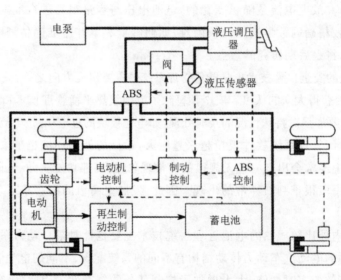

图 3-27 电动汽车的制动系统结构

3. 制动能量回收方法

根据储能机理不同,电动汽车制动能量回收的方法也不同,主要包括飞轮储能、液压储能等。

1)飞轮储能

飞轮储能是利用高速旋转的飞轮来储存和释放能量,飞轮储能框图如图 3-28 所示。当汽车制动或减速时,先将汽车在制动或减速过程中的动能转换成飞轮高速旋转的动能;当汽车再次启动或加速时,高速旋转的飞轮又将存储的动能通过传动装置转化为汽车行驶的驱动力。

图 3-28 飞轮储能框图

图 3-29 是一种飞轮储能式制动能量回收系统示意图。系统主要由发动机、高速储能飞轮、增速齿轮、离合器和驱动桥组成。发动机用来提供驱动汽车的主要动力,高速储能飞轮用来回收制动能量,并且作为负荷平衡装置,为发动机提供辅助的功率以满足峰值功率的要求。

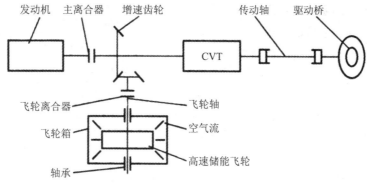

图 3-29 飞轮储能式制动能量回收系统示意图

2)液压储能

液压储能工作过程如图 3-30 所示。它是先将汽车在制动或减速过程中的动能转换成液压能,并将液压能储存在液压蓄能器中;当汽车再次启动或加速时,储能系统又将蓄能器中的液压能以机械能的形式反作用于汽车,以增加汽车的驱动力。

图 3-30 是液压储能式制动能量回收系统示意图。系统由发动机、液压泵/马达、液压蓄能器、变速器、驱动桥、离合器和液压控制系统组成。该系统先将汽车在制动或减速过程中的动能转换成液压能,并将液压能储存在液压蓄能器中;当汽车再次启动或加速时,储能系统又将蓄能器中的液压能以机械能的形式反作用于汽车,以增加汽车的驱动力。

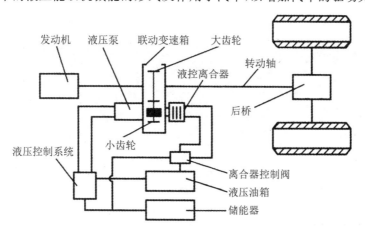

图 3-30 液压储能式制动能量回收系统示意图

习　　题

1. 常见的汽车动力电池有哪些?
2. 简述锂离子电池的工作原理。

3. 锂离子电池有哪些特点？
4. 镍氢电池是如何工作的？
5. 简述电动汽车对电动机的要求。
6. 简述交流异步电动机的工作原理。
7. 简述电池管理系统的功用。
8. 简述能量回收系统的功用。
9. 简述能量回收系统的工作原理。

项目四　电动汽车充电技术

任务 4.1　充 电 装 置

【知识目标】
1. 了解电动汽车的充电方式。
2. 掌握常见的电动汽车充电装置。
3. 掌握充电接口和通信协议。
4. 了解电动汽车充电设备的发展趋势。

【能力目标】
1. 能够描述常见的充电汽车的充电装置。
2. 认识不同的充电接口。

【任务引入】

电动汽车产业能否得到快速发展,充电技术是关键因素之一,智能、快速的充电方式成为电动汽车充电技术的发展趋势。下面我们一起开始充电装置的学习吧!

【任务实施】

4.1.1　电动汽车充电方式

电动汽车充电方式主要有常规充电方式、快速充电方式、更换电池充电方式、无线充电方式和移动式充电方式。

1. 常规充电方式

常规充电方式采用恒压、恒流的传统充电方式对电动汽车进行充电,相应的充电器的工作和安装成本相对比较低。电动汽车家用充电设施(车载充电机)和小型充电站多采用这种充电方式。车载充电机是电动汽车的一种最基本的充电设备,如图 4-1 所示。小型充电站是电动汽车的一种最重要的充电方式,如图 4-2 所示,充电机设置在街边、超市、办公楼、停车场等处。

图 4-1　车载充电机充电方式

图 4-2　小型充电站充电方式

2. 快速充电方式

快速充电方式以 150～400 A 的高充电电流在短时间内为蓄电池充电,与常规充电方式相比,安装成本相对较高。快速充电也可称为迅速充电或应急充电,其目的是在短时间内给电动汽车充满电,充电时间应该与燃油车的加油时间接近。大型充电站(机)多采用这种充电方式,如图 4-3 所示。

3. 更换电池充电方式

更换电池充电方式采用更换动力电池的方法迅速补充车辆电能,更换电池可在 10min 以内完成,理论上无限提升了车辆续驶里程。图 4-4 所示为利用换电机器人为电动汽车更换电池。

图 4-3 大型充电站(机)的快速充电方式

图 4-4 利用换电机器人为电动汽车更换电池

4. 无线充电方式

电动汽车无线充电方式(见图 4-5)是利用无线电能传输技术对蓄电池进行充电的一种新型充电方式,主要有感应式、谐振式和微波无线电能传输三种形式。感应式无线充电是松散耦合结构,相当于可分离变压器;谐振式无线电能传输利用近场电磁共振耦合,可以实现电能中距离的有效传输;微波无线电能传输是一种远场辐射型能量传输方式,由于其传输效率很低,而且容易对人体产生危害,因此不宜用于电动汽车无线充电。

5. 移动式充电方式

对电动汽车蓄电池而言,最理想的情况是电动汽车在路上巡航时充电,即移动式充电(MAC)。这样,电动汽车用户就没有必要去寻找充电站、停放车辆并花费时间去充电了。移动式充电系统(见图 4-6)埋设在一段路面之下,即充电区,不需要额外的空间。

图 4-5 无线充电方式

图 4-6 移动式充电系统

4.1.2 电动汽车充电设备

电动汽车充电设备的性能好坏直接影响电动汽车的充电效果。电动汽车的充电设备多种多样,一般分为以下几种。

1. 非车载充电机

非车载充电机(见图 4-7)不安装在汽车上,对电源进行变换并充电。目前在电动汽车上很少使用。

2. 车载充电机

车载充电机(见图 4-8)安装在电动汽车上,通过插头和电缆与交流插座连接,因此也称为交流充电机。车载充电机的优点是在蓄电池需要充电的任何时候,只要有可用的供电插座,就可以进行充电。缺点是受车上空间的限制,因而功率处理能力有限,只能提供小电流慢速充电,充电时间较长。

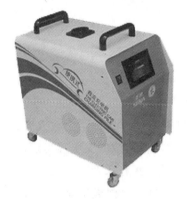
图 4-7 非车载充电机

图 4-8 车载充电机

3. 交流充电桩

交流充电桩(见图 4-9)一般安装在固定的地点,已事先做好输入电源的连接工作。

4. 直流充电桩

直流充电桩(见图 4-10)的直流输出端与需要充电的电动汽车相连接,可以提供多达上百千瓦的功率处理能力,可以对电动汽车进行快速充电。

图 4-9 交流充电桩

图 4-10 直流充电桩

5. 交直流充电桩

交直流充电桩(见图 4-11)既有交流充电桩的功能,又有直流充电桩的功能。

图 4-11 交直流充电桩

4.1.3 充电接口和通信协议

1. 充电接口

充电接口上,由于全球存在美、欧、中三大充电接口标准,因此,各车企对充电接口进行了区别设计,比如欧洲 Combo 接口、日本 CHAdeMO 接口、特斯拉的充电接口、部分美系和德系采用的 CCS 接口、中国的 GB/T 20234—2015 接口。这就意味着目前国外的车从硬件接口上无法与国内充电桩进行连接,比如特斯拉就只能通过自己建充电站来保证其在中国的市场推广。目前,国际上的 4 种充电接口标准如图 4-12 所示。

类别 项目	美国 Type1	欧洲 Type2	中国 GB	日本 JP
交流	 SAE J1772/IEC62196-2	 IEC62196-2	 GB/T 20234—2015	 IEC62196-2
直流	 IEC62196-3	 IEC62196-3	 GB/T 20234—2015	 CHAdeMO/IEC62196-3
组合式	 SAE J1772/IEC62196-3	 IEC62196-3	—	—

图 4-12 目前国际上 4 种充电接口标准

《国家标准电动汽车传导充电用连接装置》(GB/T 20234—2015)规定了交流与直流接口的标准,交流接口采用的是七针设计,直流接口采用的是九针设计,国内车企都遵循这个标准进行设计,但是早期一些车企考虑到延长电池寿命,某些车型没有设计直流充电接口,因此一些车主在公共充电桩遇到无法用直流桩充电的情况。需要说明的是,并非所有新能源车型都同时采用直流和交流两种接口,有些车型如比亚迪 E6 等,就只提供交流慢充接口。

我国采用的七针交流慢充充电口定义,如图 4-13 所示。

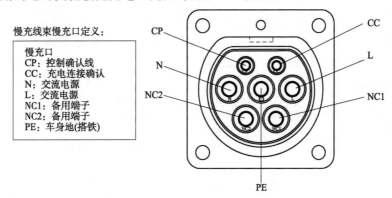

图 4-13 七针慢充充电口的定义

九针直流快充充电口定义,如图 4-14 所示。

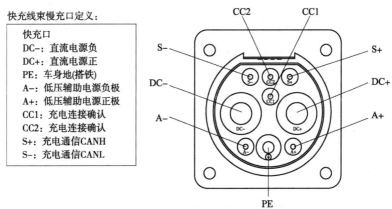

图 4-14 九针快充充电口的定义

2. 通信协议

通信协议上,充电协议的差异是导致无法充电的最主要原因,解释这个问题需要对交流充电与直流充电的基本原理及过程有所了解。

交流充电的过程是交流电通过充电桩—车载充电器—动力电池进行传输,从国标设计上,不存在充电桩与整车之间的通信关系。通俗来讲,交流充电桩就是一个功率稍大的插座,不存在充电桩与整车通信协议的对接,因此如果是交流充电,理论上所有车型都是可以充电的。

直流充电的过程简单讲就是直流电通过充电桩—动力电池进行传输,中间省去了车载充电器的环节,这就需要充电桩与整车控制装置或电池管理系统(BMS)进行通信,GB/T 20234—2015 中规定了通过 CAN 总线方式,以充电报文的形式对充电过程进行数据传输及控制,其中直流接口上的 S+、S- 两个针头就是用作充电通信的,另外 GB/T 27930—2015 还对通信协议相关内容进行了规定。现实中,充电设备商和车厂会有各自的充电协议,虽然都符合国家标准规定,但还是会带有各自的"特色",如果事先没有进行通信协议的对接,就会出现无法充电的情况。

对于充电设施运营商而言,目前电动汽车只有通过车辆认证并在直流桩上充电后,才能够实现对整车状态、电池状态、充电桩状态进行智能监控的功能,发挥其运营维护的作用,因此就需要用户在充电前对车辆信息进行入网认证,这样充电设备才能够正常识别用户车辆。

对于用户来讲,只有将自己的车纳入运营商的充电服务网络内才可以正常充电,否则就只能自己想办法解决充电问题。这就是运营商让用户办理充电卡(见图4-15)的原因,也是运营商经常提到的一车一卡绑定的原因。

图4-15 电动汽车充电卡

4.1.4 电动汽车充电设备的发展趋势

电动汽车充电设备具有以下发展趋势:
(1)充电通用化;
(2)实现智能充电控制;
(3)与新能源发电配合;
(4)作为系统储能的组成部分;
(5)成为智能电网的重要组成部分。

任务4.2 充 电 机

【知识目标】
1.掌握电动汽车车载充电机的工作原理。
2.掌握充电桩的功用与类型。
3.掌握充电站的功用与组成。
4.了解新能源汽车无线充电技术。

【能力目标】
1.能够描述车载充电机的工作原理;
2.认识充电桩的类型与功用。

【任务引入】

充电机对所有电动汽车和插电式混合动力车以及增程式电动汽车来说都是必不可少的装备,即使是以换电为主的电动汽车,通常也需要充电机。下面我们一起开始充电机的学习吧!

【任务实施】

4.2.1 电动汽车车载充电机

车载充电机具有为电动汽车动力电池安全、自动充满电的能力。充电机依据电池管理系统提供的数据,能动态调节充电电流或电压参数,执行相应的动作,完成充电过程。

1. 电动汽车车载充电机组成

电动汽车车载充电机及安装位置如图4-16所示。

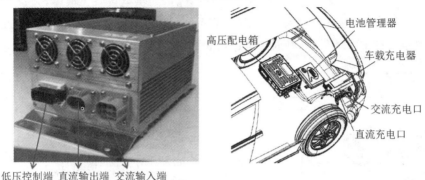

图4-16 电动汽车车载充电机及安装位置

车载充电机具备如下的功能:

(1)车载充电机将输入的交流电转换成直流电输出,为动力电池充电。

(2)车载充电机工作过程需要与充电桩、BMS、VCU等部件进行通信。

(3)车载充电机根据动力电池需求可调节输出功率。

电动汽车车载充电机的组成如图4-17所示。

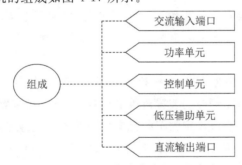

图4-17 电动汽车车载充电机的组成

车载充电机连接示意图如图4-18所示。

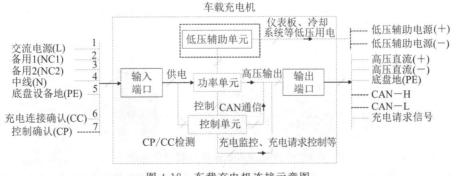

图4-18 车载充电机连接示意图

2. 电动汽车车载充电机充电过程

利用车载充电机对电动汽车充电,充电过程如下:

(1)将车辆插头和插座插合后,车辆的总体设计方案可以自动启动某种触发条件,通过互锁或者其他控制措施使车辆处于不可行驶状态。

(2)电动汽车车辆控制装置通过测量图 4-19 中检测点 3 与 PE 之间的电阻值,判断车辆插头与车辆插座是否已完全连接。

(3)在操作人员对供电设备完成充电启动设置后,如供电设备无故障,并且供电接口已完全连接,则闭合 S_1,供电控制装置发出 PWM 信号,电动汽车车辆控制装置通过测量图 4-19 中检测点 2 的 PWM 信号,判断充电连接装置是否已完全连接。

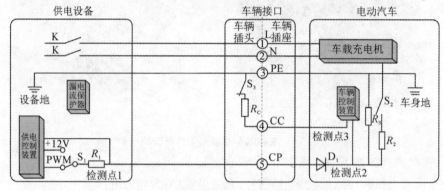

图 4-19　车载充电机输入控制引导电路

(4)在电动汽车和供电设备之间建立电气连接及车载充电机完成自检后,通过测量图 4-20 中检测点 2 的 PWM 信号确认充电额定电流值;车载充电机给电动汽车控制装置发送充电感应请求信号,同时或延时后给车辆控制装置供电;根据充电协议进行信息确认,若需充电则电动汽车控制装置发送需充电报文并控制充电接触器闭合,车载充电机按所需功率输出。

(5)车辆控制装置通过判断图 4-19 中检测点 2 的 PWM 信号占空比确认供电设备当前能提供的最大充电电流值;车辆控制装置对供电设备、充电连接装置及车载充电机的额定输入电流值进行比较,将其最小值设定为车载充电机当前最大允许输入电流;当判断充电连接装置已完全连接,并完成车载充电机最大允许输入电流设置后,车辆控制装置控制图 4-20 中的 K_3、K_4 闭合,车载充电机开始对电动汽车进行充电。

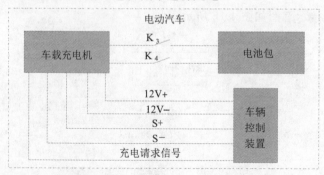

图 4-20　车载充电机输出控制引导电路

(6)在充电过程中,车辆控制装置可以对图 4-19 中检测点 3 的电压值及 PWM 信号占空比进行监测,供电控制装置可以对图 4-19 中检测点 1 的电压值进行监测。

(7)在充电过程中,当充电完成或者因为其他原因不满足充电条件时,车辆控制装置将发出充电停止信号给车载充电机,车载充电机停止直流输出、CAN 通信和低压辅助电源输出。

4.2.2 充电桩

充电桩又叫充电栓、充电柜等,其功能类似于加油站里面的加油机,可以固定在地面或墙壁上,安装于公共建筑(公共楼宇、商场、公共停车场等)和居民小区停车场或充电站内,可以根据不同的电压等级为各种型号的电动汽车充电。充电桩的输入端与交流电网直接连接,输出端都装有充电插头为电动汽车充电。汽车充电桩一般提供常规充电(交流慢充)和快速充电(直流快充)两种充电方式,人们可以使用特定的充电卡在充电桩提供的人机交互操作界面上刷卡使用,进行充电方式、充电时间、费用数据打印等操作,充电桩显示屏能显示充电量、费用、充电时间等数据。

1. 充电桩的功用

充电桩是能实现计时、计电量、计金额的充电装置,可以作为市民购电终端。同时,为提高公共充电桩的效率和实用性,今后将陆续增加一桩多充和为电动自行车充电的功能。

2. 充电桩的类型

(1)按安装方式分。

按安装方式,可分为落地式充电桩(见图 4-21(a))、挂壁式充电桩(见图 4-21(b))。落地式充电桩适合安装在不靠近墙体的停车位,挂壁式充电桩适合安装在靠近墙体的停车位。

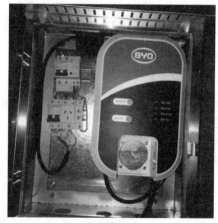

(a)落地式　　　　　　　　　(b)挂壁式

图 4-21　充电桩的两种形式

(2)按安装地点分。

按照安装地点,可分为公共充电桩、专用充电桩和自用充电桩。公共充电桩是建设在公共停车场(库),结合停车泊位,为社会车辆提供公共充电服务的充电桩。专用充电桩是建设单位(企业)自有停车场(库),为单位(企业)内部人员使用的充电桩。自用充电桩是建设在个人自有车位(库),为私人用户提供充电的充电桩。充电桩一般结合停车场(库)的停车位建设。安装在户外的充电桩防护等级不应低于 IP54。安装在户内的充电桩防护等级不应低于 IP32,如图 4-22 所示为公共充电桩。

(3)按充电接口数分。

按充电接口数,可分为一桩一充和一桩多充(见图4-23)。

图4-22 公共充电桩

图4-23 多接口充电桩

(4)按充电方式分。

按充电方式,可分为直流充电桩、交流充电桩和交直流一体充电桩。

①直流充电桩。

直流充电桩又称为直流供电装置,即日常所说的快充。直流充电桩是固定安装在电动汽车外,与交流电网连接,可以为非车载电动汽车动力电池提供直流电源的供电装置。直流充电桩的输入电压采用三相四线 AC380V±15%,频率50Hz,输出为可调直流电,直接为电动汽车的动力电池充电。由于直流充电桩采用三相四线制供电,可以提供足够的功率,输出的电压和电流调整范围大,可以实现快充的要求。

直流充电桩的工作原理就是通过整流将交流变直流,再通过DC/DC转换器转换环节来调整电压、电流输出,实现对电动汽车电池的充电。控制模块实现其显示功能及保护电路的控制。

②交流充电桩。

交流充电桩又称为交流供电装置,即日常所说的慢充,是固定安装在电动汽车外,与交流电网连接,为电动汽车车载充电器(即固定安装在电动汽车上的充电器)提供交流电源的供电装置。交流充电桩只提供电力输出,没有充电功能,需连接车载充电器为电动汽车充电。

4.2.3 电动汽车充电站

1. 充电站的功用与组成

充电站指的是具有特定控制功能和通信功能,并能将电能量传送给电动汽车的设施总称,它能够以快充或慢充方式对电动汽车进行充电。电动汽车充电站如图4-24所示。

图4-24 电动汽车充电站

充电站的基本功能应包括供配电、充电、充电过程和配电设备监控、计量、站内设备管理和通信,扩展功能包括计费。

2. 充电站的布置

充电站总体布置应满足便于电动汽车的出入和充电时停放的要求,保障站内人员及设施的安全。具体有以下要求:充电区的入口和出口应至少有两条车道与站外道路连接,充电站应设置缓冲距离或缓冲地带便于电动汽车的停放和进出;充电区单车道宽度不应小于3.5m,双车道宽度不应小于6m;转弯半径不应小于9m,道路坡度不应大于6%,且坡向站外;充电设施应靠近充电区停车位布置,电动汽车在停车位充电时不应妨碍站内其他车辆的充电与通行;充电区应考虑安装防雨设施,以保护站内的充电设施、方便进站充电的电动汽车驾乘人员。

充电站的电气设备布置应遵循安全、可靠、适用的原则,并便于安装、操作、搬运、检修、试验。具体有以下要求:充电机、监控室、营业厅应布置在建筑物首层,高压开关柜、变压器、低压开关柜等宜布置在建筑物首层;变压器、高压开关柜、低压开关柜、充电机及监控装置宜安装在各自的功能房间,以利于电气设备的运行、便于维护管理;当成排布置的低压开关柜长度大于6 m时,柜后应有两个出口通道。当两个出口之间的距离大于15 m时,其间应增加出口;当受到条件限制时,低压开关柜与充电机可安装在同一房间,或采取变压器与低压开关柜布置在同一房间,但变压器应选用干式变压器。当受到条件限制时,变配电设施与充电机可布置在户外组合式成套配电站中,其基础应适当抬高,以利于通风和防水;变压器室不宜与监控室相邻或位于正下方,不能满足时应采取防止电磁干扰措施。

4.2.4 新能源汽车无线充电技术

动力电池的电气充电方法包括接触式充电和无线充电。接触式充电采用插头与插座的金属接触来导电;无线充电或称无线供电(wireless power transmission,WPT)是以耦合的电磁场为媒介实现电能传递。对于电动汽车用WPT,即将变压器原、副边绕组分置于车外和车内,通过高频磁场的耦合传输电能。与接触式充电方式相比,WPT使用方便、安全,无火花及触电危险,无积尘和接触损耗,无机械磨损和相应的维护问题,可适应多种恶劣环境和天气。由于动力电池组输出电压较高,带来的安全隐患较多,高安全性、方便性是人们早期关注汽车WPT的主要原因,随着研发的深入,人们认识到:WPT便于实现无人自动充电和移动式充电,在保证所需行驶里程的前提下,可通过频繁充电来大幅减少电动汽车配备的动力电池容量,减轻车体质量,提高能量的有效利用率;并有助于降低电动汽车初始购置成本,解决其受制于大容量电池的高成本问题,推进电动汽车市场化。

WPT技术分为三种:射频或微波WPT、电磁感应式WPT、电磁共振式WPT。

1. 微波WPT

微波WPT是以微波(频率在300MHz~300GHz的电磁波)为载体在自由空间无线传输电磁能量的充电技术。图4-25为微波无线充电示意图。利用微波源将电能转变为微波,由天线发射,经长距离的传播后再由天线接收,最后经微波整流器等将微波重新转换为电能使用。

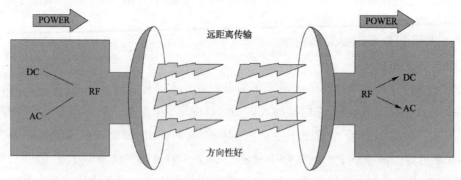

图 4-25 微波无线充电示意图

因微波无线充电结构简单、成本低、充电设施建设方便,该能量传送方式很早就受到人们的关注。它主要运用于军用远距离电能传输场合,如微波飞机、卫星太阳能电站等,是人类用于应对能源危机的有效策略。

2. 电磁感应式 WPT

变压器是原副边线圈都缠绕在同一个铁芯上,使得原副边供电不是很灵活。为此,国内外对变压器原副边绕组间的铁芯部分用空气或其他介质代替,增加了电力传输的灵活性,并可应用于不同的场合。目前,电磁感应式 WPT 在电力系统中比较成功的应用是非接触式电能传输(见图 4-26),非接触式电能传输就是利用电磁感应耦合技术、电力电子技术和现代控制技术实现的电源侧与负载侧完全分离的电能传输技术,它避免了传统电能传输方式中裸露导体的存在和接触火花的产生,克服了传统电能传输方式在一些特殊环境如易燃易爆、水下等场合存在的弊端,实现了电能安全可靠的传送。

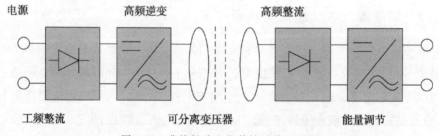

图 4-26 非接触式电能传输系统原理图

此种技术相对较成熟,在传输功率上也比较容易获得突破,但传输效率还不高,而且传输距离很短,基本需要贴在一起,因此只适合在局部电网中应用。这种输电方式其实是利用了变压器磁耦合的原理,由原线圈通入电流,产生变化的磁通,然后在副线圈内激起感应电动势,从而实现电能的无线化传输。

3. 电磁共振式 WPT

近场谐振技术是麻省理工学院最新的研究成果。在库仑定律中,电场 E 的强度与电荷之间的距离的平方成反比。不过,这里设想的只是"点状电荷"发出放射状电力线时的简单模型。然而对于实际的电子,点状电荷的设想并不现实,在普遍情况下,电荷会分布在一定的范围内并发出电场。这时,电场的"组成"含有多个强度成分。其中包括强度与距离的平方成反比的成分,与距离的立方成反比的成分,以及与距离的四次方、五次方等高次方成反比的成分。高次方成分的比例是由电荷分布的形状和复杂性决定的,也会受到角度的影响。这些场的高次方成分就构成了"近场"。场立方以上的高次方成分会随着与电荷距离的增加迅速减弱。但是,在距电荷较近的位置,有时会强于平方成分。

一般来说,天线的电荷分布并非静止的,而是随时间变化的,因此会产生电磁波。电磁波与电场和磁场中平方成分的时间变化密切相关。另一方面,近场的高次方成分会发生时间变化,但不会向远处传播。也就是说,在距天线较近的位置,存在的是无线介质但并非电磁波的电场和磁场。

在此之前,电磁波早已达到了实用水平,并与谐振技术一起用于通信技术。与之相反,近场及其时间变化成分不仅没有得到利用,还被当成了电磁干扰的主要原因之一,成为抑制对象。如果除去电磁感应使用的线圈产生的磁场,对于电子学来说,近场曾经是一个盲点。麻省理工学院的马林·索尔贾希克和他的研究小组成功应用电磁近场理论,在实验中使用两个直径 50 cm 的铜线圈,通过调整发射频率使两个线圈在 10 MHz 的频率下产生谐振,从而成功点亮了距离电力发射端 2 m 以外的一盏 60 W 灯泡(见图 4-27)。麻省理工学院的电力传输系统表面上看是一种基于电磁感应的电力传输,实际上却融合了近场谐振技术,与电磁感应完全不同。这种电力传输系统可以发出强度与贯穿线圈内部的磁通量变化幅度成正比的电动势,传输的电力远远超过法拉第电磁感应定律。使用基于电磁感应的非接触电力传输时,利用圈数为数百圈的线圈并且缠绕紧密,才能勉强在数毫米的距离上得到超过 60% 的传输效率。而索尔贾希克的系统在进行 2 m 传输时效率约为 40%。距离为 1 m 时更是实现了令人震惊的约 90% 的高效率。作为天线的线圈也只是随便缠绕的 5 圈粗铜线。可见,与电磁感应不同,近场谐振技术并不单纯依靠磁通量强度取胜。

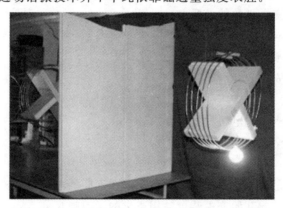

图 4-27　麻省理工学院研究的 WPT 演示

无线充电技术对充电器、被充电设备的距离和状态有关,也就是说,二者之间的距离不能太大,且二者之间没有相对运动,否则就无法稳定和有效地传输电力。因此充电的位置只能是汽车停留的地点,即车库、停车场、路口等位置,公交车的充电装置还可以设置在公交站点。当然,条件允许的地方或高速公路旁还可以专门设置充电站,以方便车辆的充电。

英国 HalolI PT 公司在伦敦利用其最新研发的感应式电能传输技术成功实现为电动汽车无线充电。在展示过程中,该公司将电能接收垫安装于雪铁龙电动汽车的车身下侧(见图 4-28),这样电池就可以通过无线充电系统进行无线充电。

图 4-28 感应充电示意图

从三种充电方式中可以看出,电磁感应充电所需要的距离太小,微波充电的效率太低,而电磁共振充电的距离、效率都能满足电动汽车的需要。

车载充电机具有为电动汽车的动力电池安全、自动充满电的能力。充电机依据电池管理系统提供的数据,能动态调节充电电流或电压参数,执行相应的动作,完成充电过程。汽车充电桩一般提供常规充电(交流慢充)和快速充电(直流快充)两种充电方式。充电站指的是具有特定控制功能和通信功能,并能将电能量传送给电动汽车的设施总称,它能够以快充或慢充的方式对电动汽车进行充电。动力电池的充电方法包括接触式充电和无线充电。接触式充电采用插头与插座的金属接触来导电,无线充电(或无线供电)是以耦合的电磁场为媒介实现电能传递。

任务 4.3 充电装置使用要求

【知识目标】

1. 了解电动汽车充电机的技术要求。
2. 了解充电站对电网的要求。
3. 了解电动汽车不同阶段对充电站的要求。
4. 掌握充电桩的安全及社会问题。

【能力目标】

1. 能够描述电动汽车充电机的技术要求。
2. 对充电桩的安全及社会问题进行讨论。

【任务引入】

电动汽车充电站是为电动汽车充电的站点。在不同的应用场合充电装置都有它自己的使用要求。下面我们一起开始充电装置使用要求的学习吧!

【任务实施】

4.3.1 电动汽车充电机的技术要求

(1)充电机和电池管理系统之间能够进行通信,接收电池数据,充电过程中应采用适当方法保证串联电池中的单体电池电压不超过上限。

(2)充电机应具有面板操作和远程操作功能,充电机及其监控系统相连,在监控计算机上能完成除闭合和切断输入电源外的所有功能。

(3)充电机应能通过监控网络向监控计算机传送对应电池管理系统发送的数据。

(4) 充电机应具有故障报警功能，能主动向监控系统发送故障信息。

(5) 充电机应具有输入欠压、输入过压、输出短路、电池反接、输出过压、过温、电池故障等保护功能。

(6) 在脱离电池管理系统的情况下，充电机应停止充电。

(7) 充电机应提供一条充电电缆连接确认信号。一方面，在充电期间，当充电插头连接到汽车后，汽车控制逻辑可通过此信号来禁止汽车驱动系统在充电期间工作，保证充电安全；另一方面，此确认线与充电线形成闭锁，保证充电人员安全。

(8) 提供良好的人机界面，完成充电机充电过程的闭环控制，并显示故障类型，提供一定的故障排除指示；提供开放式充电过程参数（包括充电模式、充电参数、阶段数）设定功能，并按照参数完成对充电过程的自动控制；当充电机的保护系统动作，引起充电过程中断，此时应能显示故障类型，对比较容易排除的故障提供简单的处理方法。

(9) 整车充电时要为电池管理系统提供所需的直流电源，目前一般取 24 V/50 A。

(10) 充电机的监控系统应具备事件记录功能，为事故分析和运行测试提供历史数据。对于有多台充电机的充电站，充电机还需要为充电站监控系统提供事件记录数据。

(11) 充电机的可靠性必须满足一定的指标，综合考虑成本和利用率，建议充电机要保证 5 年 70000～80000 h 的充电小时数。

(12) 充电机的设计必须充分保证人身安全，其带电部分不可外露，同时保证车体和大地等电位；充电机与充电站接地连接，充电机与车体外壳连接、充电站接地网连接等要可靠方便。

4.3.2 电动汽车对充电站的要求

1. 充电站对电网的要求

(1) 直充站对电网的要求。

有多大输出功率就需要多大输入功率，由于充电站的充电功率比较大，一般每路 100 多千瓦，拥有 10 多个快速充电枪的大型综合充电站需要近 2000 kW 的高压专线输入，拥有 4 路充电枪的小型充电站至少需要 500 kW 的新增变压器，即使安装 1 路 100 kW 输出的快速充电桩，一般单位也难以承受（路边单位多数为中小企事业和机关单位，富裕电功率不多）。

对电动汽车进行快速充电的功率是间歇的，充电时为全功率 100 kW 输出，不充电时又一点不用，充电时间也不确定，近一两年也许一天只充几辆车，甚至几天充一辆车，但电能、高压线、变压器、充电站内设备和场地等众多资源都得时刻准备着，设备和功率资源浪费严重。

(2) 储能站对电网的要求。

储能充电站可以使用较小的输入功率，平时可以连续使用这些小功率电能进行蓄电，需要时由储能蓄电池为主向电动汽车提供快速充电功率，电动汽车较少时可以利用夜间低谷电能，电动汽车较多时，随用随充，这样电网的利用率非常高，电网电能输出小而连续。

这样用 500 kW 电力投入就可以实现 2000 kW 以上输出效果的大型充电站，基本不用架设专用充电专线，节省大量建网资金。

如果建设具有总功率为 500 kW 的 4 路小型快速充电站，则完全不用架设专线，部分地段甚至不用增加变压器，利用现有变压器即可。夜间使用 100 kW 低谷电力充电，电动汽车较少时可完全使用蓄电池电能，电动汽车较多时，在白天可适当补充 20～50 kW 的充电电力。

2. 电动汽车不同阶段对充电站的要求

(1)早期示范期阶段要求(2010—2012年)。

此阶段电动汽车数量逐步增加到数千辆左右规模。

此阶段电动汽车用户较少且居住分散,而且因为电动汽车行驶里程较近等因素,充电站的服务半径一般不宜超过 5 km。大型充电站因投资过大,用地较多等因素,每个中心城市设 1~2 个即可,主要起到市场引导和功能实验的目的。

此阶段"车辆较少,用户分散",充电站应以市内运营服务为主,除小区专用慢速充电桩外,需要在经常停车的地区设置部分直流充电桩。对一般城市来说,100~300 个直流充电桩,基本可以满足初期购买电动汽车用户的出行需要。

配置 10~20 个小型储能充电站可以进一步扩大电动汽车的出行范围和充电便捷性,也可满足部分公务用车的应急充电需要。同时,也为下一阶段批量使用电动汽车获得运行经验和数据。

(2)中期上升期阶段要求(2013—2020年)。

此阶段电动汽车数量逐步增加到数万辆以上规模。

此阶段电动汽车的数量明显上升,对充电站(桩)的数量和设置位置提出了更高的要求,除相应的交流充电桩增多外,直流充电桩要达到每个超市、停车场、办公楼、小区中型单位等至少一个的配置,中心城市至少要配置 1000~2000 个直流充电桩。

城市在变大,居住更分散,此阶段省级中心城市的小型快速充电站将达到数十个以上。

(3)远期成熟期阶段要求(2020年以后)。

此阶段电动汽车数量逐步增加到数十万辆以上规模(超大城市将达到数百万辆)。

此阶段电动汽车的数量逐渐追赶和超过燃油汽车数量,对充电站(桩)的数量和设置位置提出了更高的要求,除相应的交流充电桩增多外,直流充电桩要达到每个超市、停车场、办公楼、小区中型单位等配置数个至数十个的规模,中心城市至少要配置 10000~20000 个直流充电桩。

此阶段城市将更大,农村也将发展起来,城乡基本一体化,小型快速充电站将遍布各地,社区、街道边、公共停车场等场所必须配备,城市环路、远郊公路、高速公路等更是必不可少。此阶段省级中心城市的小型快速充电站将达到数百个以上。

4.3.3 充电桩的安全及社会问题

全国公共充电桩的数量与日俱增。随着充电设施规模的不断扩大,使用中的问题也纷纷暴露出来。比如,充电桩故障率高及安全问题、充电站不好找、充电费用不统一等。

1. 充电桩的安全问题

据第一电动网统计,2015 年以来,全国共发生 7 起纯电动客车、混合动力客车自燃事故。如深圳 4·26 电动大巴起火、厦门公交起火等事故,是因为在车辆处于静态停置时,电池管理系统不完善、通信不兼容,与充电设备通信障碍导致了电池过充、短路;不能提前监控、报警,从而引起热失控、自燃、起火等问题。除了电池的自身技术以外,很多外在原因也成为事故导火索,也就是说,充电环节具有很大的安全隐患。因此,安全不能只聚焦于电池本身,而是需要电池、电池管理系统、充电多方协同合作。充电桩的安装如图 4-29 所示。

图 4-29 充电桩的安装

电池管理系统(BMS)(见图 4-30)主要包括电芯监测模块、均衡电源模块和控制模块,技术含量较高。目前国内市场的 BMS 厂家较多,生产水平参差不齐,时有失效和安全隐患。与此同时,目前国内 BMS 行业也没有单独制定权威行业标准,很多检测机构更多的是参照一些老标准对系统的一些指标进行检测,对产品提升、行业规范等缺乏引导,所以需要针对新能源汽车 BMS 单独制定一套行业规范,未来还应当升级为国家强制标准。另一方面,很多 BMS 的设计没有充分考虑到用户、电网、电池的特性变换等因素。电动汽车的充电现状是,充电设施被动依赖 BMS 和电池,及时、方便的充电需求得不到满足,没有适应电动汽车充电的需求,更加及时的车况报告也无法获得,充电相关各方责任界限不清,充电被简单视为新能源汽车的一个"零部件",但是在新能源汽车的安全问题中,最易发生问题的环节却是充电环节。由于电压、电流过高,或电池过充等导致电池热失控从而引发燃烧,所以通过 CAN 通信协议实现充电设备与电池管理系统之间的实时通信是非常重要的。深圳、厦门的两次起火事故更说明了这点:电池管理系统与充电设备之间没有能够形成很好的协调,导致电池管理系统形同虚设,充电器在接收不全面的电池相关数据时,未能终止充电。

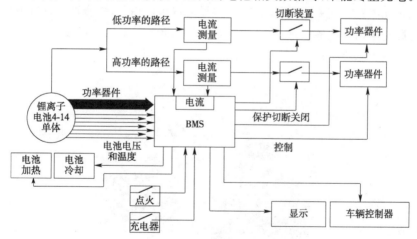

图 4-30 电池管理系统

对于刚刚进入成熟期的新能源汽车产业,安全问题永远是悬在企业头上的一把利刃,在发展过程中永远要摆在第一位。目前,电动汽车充电接口国家标准修订稿通过专家审查,其中充电接口标准是主要的修订内容,对于与充电体系相关的协同安全指引却没有提及,因此有必要引起决策者的重视。与此同时,随着利好政策不断出台,充电设施建设的爆发期即将来临,各种充电设备企业一窝蜂涌入市场,而技术门槛并不高,这就应当树立起一道严格的行业安全门槛,把充电安全作为企业的重要责任,加强技术创新,将电池、充电器、模块、电网等环节充分协同,形成更为有效的安全管理。

2. 充电桩的社会问题

2014年,知名电动汽车品牌特斯拉进入中国市场,炫酷的外观和搭载的动力系统给中国消费者和众多汽车企业带去了视觉和思想上的冲击。随后,新能源汽车企业在进行大量的试验后,开始如雨后春笋般出现,众多生产商推出各自的电动汽车产品来争夺这个细分的市场。

充电桩、充电站的建设程度,直接影响到电动汽车能否进行大规模商业化推广,而仅仅增加充电设施的布局并不够,还需建设高效完善的充电服务网络。因为续驶里程限制和充电装置的不便,会导致车主在使用电动汽车时遇到麻烦,如图4-31所示。

图4-31 充电桩的不普及

(1)厂商步伐不协调。

电动汽车不同于一般内燃机汽车,其生产、销售、维护更为复杂。在一般的内燃机汽车销售中客人将车辆驶出4S店后,这个销售流程就基本结束了,而在电动汽车的销售过程中,还增加了汽车充电桩的安置,即便是特斯拉这样的汽车厂商,这一步进行得也不顺利。

首先是此前国内住宅的设计规划中并没有将电动汽车充电桩规划在内,故而造成了车主后期安置充电桩困难重重,如图4-32所示。

图4-32 社会性矛盾

在大多数住宅小区中,停车位和住户数之比还很难达到1:1。在这有限的停车位内,大部分是住户共用,只有一部分住户拥有固定产权的停车位,而按照物业公司的要求,只能够给这些拥有固定产权的停车位出具《充电桩安装同意书》。所以说,虽然特斯拉给中国区消费者免费赠送充电桩并进行安装,但根本问题并不在于安装的费用上,而是在于能不能进行安装。显然这个问题并不是厂商能够轻易解决的,这背后的原因是我国公寓式住宅和西式别墅住宅的区别,尽管有些厂商已经配备了专业的公关团队与车主住宅所在的物业公司进行沟通,但是由于涉及产权等问题,在实际解决过程中难度颇大。

除了在车主住宅处安装充电桩遇到困难之外,厂方自建充电站也并不能为车主提供足够的便利。首先是厂方自建充电站的标准和国家规划是否一致。以特斯拉为例,其独有的充电网络一直是它宣传的卖点,而且实际上在北美,特斯拉确实建成了比较完善的充电网络,但这不意味着在中国市场也能够按照特斯拉方面的想法任意建设,因为中国关于充电装置也有自己的规划,计划在2016—2020年间建成10000座充电桩,所以特斯拉的超级充电装置之路在国内或许并不好走。其次是厂商充电站的实际便利程度目前还存在不足之处,由于成本限制,大部分充电站都建在郊区,并且可用充电桩十分有限,不同于内燃机汽车加油只要几分钟,一辆电动汽车充电至少需要几十分钟,一旦遇到数辆车排队充电,其形成的时间成本极高,用户体验效果较差,如图4-33所示。

(2)公共设施待完善。

政策落后于市场是十分常见的事,在新能源汽车领域中同样如此。和厂商已经研发数十年电动汽车不同的是,直到近几年社会才将新能源汽车充换电配套设施纳入建设计划中,但目前的建设程度并不乐观。在电动汽车领域,单个充电装置因为成本和技术限制,其建造程度远比一般停车位要复杂得多,涉及电力、城市规划、交通、市政等多个部门,在一定程度上还需要和汽车厂商协调一致,所以实施难度可想而知。图4-34所示为解决电动汽车充电新政。

图4-33 充电桩反映出的社会问题

图4-34 解决电动汽车充电新政

目前建成的电动汽车公用充电桩多集中于高校、政府机关和综合交通枢纽,但是因为使用习惯尚未养成,在具体的落地过程中还存在许多的困难。首先是开放程度,因为不少已有充电桩的单位为政府机构、高校,这类公用充电桩局限于单位私有财产。其次是在装有充电桩并允许外来车辆驶入的停车场中,还涉及不同品牌的不公正待遇,例如某些停车场只允许指定品牌的电动汽车免费停放,其他品牌的电动汽车则需要缴纳6~10元/小时的停车费用。再者,各地的充电收费标准也不尽相同,北京地区七座以下电动汽车的费用约为0.9元/(kW·h),南京地区约为0.7元/(kW·h),除此之外还收一定的服务费。最后就是大部分充电车位存在燃油汽车违规停靠的现象,当然这也和停车资源紧缺有关系。

(3)现阶段充电桩的发展。

充电桩和充电站这一重要配套产业的完善将促进电动汽车的发展。和电动汽车产业一样,充电桩在全国的建设也在不断创造着新的纪录。

工信部2015年1月27日公布的数据显示,目前国内已经建成了423座充电站,28000

个充电桩。其中,国家电网公司建成充换电站218座,充电桩1.4万个。根据"十三五"规划,预计到2020年,集中式充换电站将增长到1万座,分散式充电桩数量更将增长到100万个。

正是基于"充电设施建设网络化、规模化"的发展理念,2015年1月中旬,国内首个高速公路跨城际快充网络——京沪高速公路快充网络全线贯通,在充电桩产业发展过程中具有里程碑的意义,如图4-35所示。

图4-35 京沪高速公路快充网络充电桩

据国家电网方面提供的数据显示,此条高速沿线建成50座快充站,平均单向每50 km一座快充站。每座快充站规划建设4台120 kW直流充电器、8个充电桩,可同时为8辆电动汽车充电,30 min内充满80%的电量,先期建设2台充电器、4个充电桩,支持所有符合中国标准的电动汽车充电。

按照规划,到2020年,国家电网规划建设以"四纵四横"(四纵:沈海、京沪、京台、京港澳,四横:青银、连霍、沪蓉、沪昆)为支撑的、覆盖公司经营区内所有示范城市的高速公路快充网络,里程达1.9万千米。

(4)充电桩标准化。

按照《政府机关和公共机构购买新能源汽车实施方案》规定,充电接口与新能源汽车数量比例不低于1∶1。以这一标准来看,虽然目前充电桩数量已经在快速增长,但是现有的充电设备已经不能满足当下电动汽车的日常需求。不仅是国家电网,更多的民营资本也在进入这个行业,多方资本进入之后利益的分配成为最重要的关注点。

事实上,目前有实力的生产厂商都希望自己研究的标准能够代表行业的标准,各家都认为自己掌握了较为核心的技术,并且不会将这些信息轻易对外开放,都希望公司能够将上游的电动汽车生产销售和下游的充电技术及充电桩建设融于一身,打造一个全产业链的公司。不能说这样不好,但是这样所导致的局面就是——外界看似百花齐放的电动汽车领域,其实都是在各自为战,目前并没有一个可以实施的统一规则。当消费者真正拥有一辆电动汽车并且进行使用时才发现,很难及时或是快捷地给自己的电动汽车充上电。目前,电动汽车活动的范围更多的还是在城市内部,但是在城市内寻找一个充电桩并不是一件非常容易的事情,有时候找到的充电桩还可能会出现漏电损坏等情况。

目前,充电接口已经实现了国家层面上的标准统一,其标志性事件就是2011年我国的电动汽车充电接口及通信协议标准的发布,即《电动汽车传导充电用连接装置第1部分:通用要求》《电动汽车传导充电用连接装置第2部分:交流充电接口》《电动汽车传导充电用连接装置第3部分:直流充电接口》《电动汽车非车载传导式充电器与电池管理系统之间的通信协议》。不过,面对市场上出现的众多问题,充电设施标准化工作是一项长期的任务,伴随着电动汽车规模的发展,充电设施标准化工作也需要不断修订完善。

习 题

1. 电动汽车车载充电机有哪些方面的功能?
2. 电动汽车车载充电机的充电过程是怎样的?
3. 充电桩有哪些类型?
4. 充电站的功用与组成是怎样的?
5. 新能源汽车的无线充电技术有哪几种?
6. 电动汽车的充电方式有哪些?
7. 电动汽车的充电设备有哪些类型?
8. 电动汽车的充电接口标准有哪些?
9. 为什么用户需要办理充电卡?
10. 电动汽车充电设备的发展趋势是什么?
11. 电动汽车充电机的技术要求有哪些?
12. 充电站对电网的要求有哪些?
13. 电动汽车不同阶段对充电站的要求有哪些?
14. 充电桩有哪些安全问题?
15. 充电桩有哪些社会问题?

项目五　高压安全操作及救援

任务5.1　电流对人体的伤害

【知识目标】
1. 了解人体安全电压。
2. 掌握不同电流对人体的伤害反应。
3. 掌握电流频率对人体的伤害。

【能力目标】
1. 掌握不同电流对人体的伤害方式。
2. 掌握交流电路对人体的伤害。

【任务引入】

某维修技师在对新能源汽车进行维护时,不慎被高压电击中,事故原因是没有做好绝缘防护和断电保护。由于新能源汽车使用了高压蓄电池,因此维修技师对新能源汽车进行维护时要特别注意触电危险。下面我们就来学习电流和电压对人体的危害。

【任务实施】

5.1.1　电流对人体产生伤害的原因

电是一种看不见、摸不着的能量,电能可以对人体构成多种伤害。例如:电流通过人体,人体直接接受电流能量将遭到电击;电能转换为热能作用于人体,致使人体受到烧伤或灼伤;人体在电磁波辐射下,吸收电磁场的能量也会受到伤害等。

诸多伤害中,电流通过人体是导致人身伤亡的最基本原因。数十至数百毫安的电流通过人体而使人致命的最危险、最主要的原因是引起心室颤动(心室纤维性颤动)。当人体遭受电击时,如果有电流通过心脏,可能直接作用于心肌,引起心室颤动。如果没有电流通过心脏,也可能经中枢神经系统反射作用于心肌,引起心室颤动。发生心室颤动时,心脏每分钟颤动1000次以上,而且没有规律,血液实际上中止循环,大脑和全身迅速缺氧。心脏发生心室颤动后,如不能及时抢救,心脏将很快停止跳动,导致死亡。

人体遭受电击时,如有电流作用于胸肌,将使胸肌发生痉挛,使人感到呼吸困难,电流越大,感觉越明显。如作用时间较长,将发生呼吸困难、窒息等呼吸障碍。窒息后,意识、感觉、生理反射相继消失,直至呼吸中止,稍后,即发生心室颤动或心脏停止跳动,导致死亡。在这种情况下,心室颤动或心脏停止跳动不是由电流通过心脏引起的,而是由肌体缺氧和中枢神经系统反射引起的。

1. 人体对不同电流反应

1）安全电压

通常情况下,人体触电并不是指人体接触到很高的电压,而是电压通过人体这个电阻后,形成电流回路,从而导致对人体的伤害。当人体接触到 25 V 以上的交流电或 60 V 以上的直流电时,人体就有可能发生触电事故,因此必须注意的是,伤害人体的不是电压,而是电流。

安全电压是为了防止触电事故而采用的特定电源的电压系列,电力行业规范中规定人体的安全电压不高于 36 V,持续接触安全电压为 24 V。实际上在高电压的新能源汽车中,这个电压值并不是科学的,因为不同的工作场所,其所具有的环境特点不同,安全电压的标准也不相同。

根据不同使用场所,我国安全电压标准规定的交流电安全电压等级不同,分为三类:

(1) 42 伏(空载上限小于等于 50 伏),可在有触电危险的场所使用手持式电动工具时使用。

(2) 36 伏(空载上限小于等于 43 伏),可在矿井、多导电粉尘等场所使用照明灯时使用。

(3) 24 伏、12 伏、6 伏(空载上限分别小于等于 29 伏、15 伏、8 伏),可供某些人体可能偶然触及的带电设备选用。

2）人体电阻

上述各类安全电压是以人体允许电流与人体电阻的乘积为依据而确定的,但是不同环境条件可能会导致人体电阻的不确定性,从而形成不同的安全电压,人体电阻不确定的主要原因是:一方面,人体的电阻会存在个体的差异性,例如胖的和瘦的,男的和女的,其电阻值都会不一样;另一方面,人所处的工作环境,也会导致人体内电阻值发生变化,例如在潮湿的夏天和干燥的冬天,人体表现的电阻并不一样,环境越潮湿,人体的电阻就会越小,如表 5-1 所示。

表 5-1 人体各部位电阻值

测试途径	阻值/Ω
手-手	1000
手-脚	750
双手-脚	500
手-胸	450
双手-胸	230
双手-脚底	300

需要注意的是,在一定电流作用下,流经人体的电流大小和人体电阻成反比,人体电阻越小,流经人体的电流就越大,因此,人体电阻的大小对电击后果产生一定的影响。

人体电阻有表面电阻和体积电阻之分,对电击者来说,体积电阻的影响最为显著,但表面电阻有时却能对电击后果产生一定的抑制作用,使其转化为电伤。这是由于人体皮肤潮湿,表面电阻较小,使电流大部分从皮肤表面通过。过去认为,人体越潮湿,电击危害性越大,这种说法不是十分确切,因为表面电阻对电击后果的影响是比较复杂的,只有当总的表面电阻较低时,才有可能抑制电击。反之,当人体局部潮湿时,特别是如果仅有触及带电部分的皮肤潮湿时,那就会大大增加电击的危险性。这是因为人体局部潮湿,对表面电阻值不会产生很大的影响,电击电流不会从人体表面大量分流,而电击处皮肤潮湿,将会使人体体积电阻下降,使电击的危害性增大。皮肤电阻会随着人体条件的变化而变化,并且变化幅度有时还很大。当人体皮肤处于干燥、洁净和无损伤的状态时,人体电阻可高达 40 kΩ~100 kΩ,而当皮肤处于潮湿状态,如湿手、出汗、人体电阻会降到 1000 Ω 左右,如皮肤完全遭到破坏,人体电阻将下降到 600 Ω~800 Ω。

对于大多数人而言,整个身体的总电阻值是很低的,特别是有主动脉的地方(胸腔部位和躯干),而最大的危险发生在电流通过人体心脏时刺激心脏产生的异常震颤。此外,还需要注意的是每个人对电流流过身体的反应也不一样,有一部分人可能能够承受较大的电流。

3)人体电流

当电压高到一定值以后,会有相应的电流流过人体,有很小的电流通过人体时,就可视作是"电气事故",会产生麻木感,人体内通过的电流达到大约 10 mA 时,到达了导出电流的极限,人体开始收缩,无法再导走电流,电流的滞留时间也相应增加,经过人体的电流到达大约 80 mA 时,被认为是"致命值"。根据人体对电流的不同反应,结合人体对电流的感觉阈值,可以把其分成四个效应区。表 5-2 所示为人体对不同电流的反应。

第 1 效应区:人体的一般感觉阈值线等于 0.6 mA,该阈值与通电时间无关,该区人体通常没有任何病理、生理反应。

第 2 效应区:人体的一般感觉阈值线等于 10 mA 时,人体有所感觉,但无有害的病理、生理反应。

第 3 效应区:人体的一般感觉阈值线等于 35 mA 时,该区对人体器官一般没有损伤,但可能产生肌肉收缩、呼吸困难、血压升高等情形。

第 4 效应区:人体的一般感觉阈值线大于 35 mA 时,该区除了有第 3 效应区的病理、生理反应外,还可能出现心室纤维颤动。随着通电时间不断延长,发生心室纤维颤动的概率逐渐增大。心室纤维颤动被认为是电击致死的主要原因。随着人体电流和持续时间的增加将会出现心脏停跳、呼吸停止和严重烧伤等后果。有资料说明,人体电流引起的心脏停跳和窒息可能致死,几安电流引起的严重烧伤也可能导致死亡。

表 5-2 人体对不同电流的反应

电流/mA	50 Hz 交流电	直流电
0.6~1.5	手指开始感觉发麻	无感觉
2~3	手指感觉强烈发麻	无感觉
5~7	手指肌肉开始痉挛	手指感到灼热和刺痛
8~10	手指关节与手掌感觉痛,手已难以脱离电源,但尚能摆脱电源	灼热感增加
20~25	手指感觉剧痛,迅速麻痹,不能摆脱电源,呼吸困难	灼热进一步增加,手部的肌肉开始痉挛
50~80	呼吸麻痹,心室开始震颤	强烈灼痛,手部的肌肉痉挛,呼吸困难
90~100	呼吸麻痹,持续 3 min 或更长时间后,心脏麻痹或心脏停止跳动	呼吸麻痹

2. 触电方式

一般认为,电流通过人体的心脏、肺部和中枢神经系统的危险性较大,特别是电流通过心脏时,危险性最大,所以从手到脚的电流途径最为危险。因为沿该条途径有较多的电流通过心脏、肺部等重要器官。次危险电流途径是从一只手到另一只手的电流途径。如图 5-1 所示为危险的触电形式。

图 5-1 危险的触电形式

此外,触电还容易因剧烈痉挛而摔倒,导致电流通过全身并造成摔伤、坠落等二次事故。

3. 电流对人体的伤害形式

由前述内容可知,能够最终对人体产生伤害的是电流,电流对人体的伤害有以下几种形式:电击、电休克、电伤、电烧伤、电烙印。

1)电击

电流通过人体时,机体组织受到刺激,肌肉不由自主地发生痉挛性收缩对人体造成的伤害,称为电击伤害。这种伤害有时会使人的心脏、肺部和神经系统的正常工作受到破坏,并危及生命。电击致伤的部位主要在人体内部,而在人体外部不会留下明显的痕迹。

2)电休克

机体受到电流的强烈刺激,发生强烈的神经系统反射,使血液循环、呼吸及其他新陈代谢发生障碍,导致神经系统受到抑制,出现血压急剧下降、脉搏减弱、呼吸衰竭、神志昏迷的现象称为电休克。电休克状态可以延续数十分钟到数天,其后果可能是得到有效治疗而痊愈,也可能是因为重要生命机能完全丧失而死亡。

3)电伤

由电流的热效应、化学效应、机械效应等对人体造成的伤害,造成电伤的电流都比较大。电伤会在机体表面留下明显的伤痕,其伤害作用可能深入体内,与电击相比,电伤属局部性伤害。电伤的危险程度决定于受伤面积、受伤深度、受伤部位等因素。电伤包括电烧伤、电烙印、皮肤金属化、机械损伤、电光眼等多种伤害。

4)电烧伤

这是最常见的电击伤害,大部分电击事故都会造成电烧伤,电烧伤可分为电流烧伤和电弧烧伤,电流越大、通电时间越长,电流流经的电阻越小,则电烧伤程度越严重。人体在接近高压带电体时往往会发生击穿放电,因此,电弧烧伤一般发生在高压电气设备上,数百毫安的电流可导致烧伤,数安的电流可造成严重烧伤。

5)电烙印

电流通过人体后,在接触部位留下的斑痕称为电烙印。斑痕处皮肤变硬,失去原有弹性和色泽,表层坏死,失去知觉,皮肤金属化是金属微粒渗入皮肤造成的,但与电烧伤相比,皮肤金属化不是主要伤害,在弧光放电时,红外线、可见光、紫外线都可能损伤眼睛,对于短暂的照射,紫外线是引起电光眼的主要原因。

4. 电击伤害

日常生活中,通常产生最多的伤害是电击,其中最常见的电击现象包括:

(1)电击效应。

电流低于导通限值时,会有相应的电击反应,从而容易因肢体不受控制和失去平衡而导致受伤,如图5-2所示。

(2)热效应。

电流导入导出点处会发生烧伤或者焦化,也会发生内部烧伤,导致肾脏负荷过大,甚至造成致命伤害。

(3)化学效应。

血液和细胞液成为电解液并被电解,这会发生严重中毒,中毒情况在几天后才能被发现,因此伤害极大。

(4)肌肉刺激效应。

所有的身体功能和人体肌肉运动都是由大脑通过神经系统电刺激来控制的,如果通过人体的电流过高,肌肉开始抽搐,大脑再也无法控制肌肉组织,就会导致如握紧的拳头再也无法打开或者移动的后果。如果电流经过了胸腔,肺会产生痉挛,呼吸停止,心脏的跳动节奏会被中断,心室纤维化颤动,无法进行心脏的收缩扩张运动。

(5)发生静态短路的热效应。

工具急剧发热会导致材料熔化,从而可能发生烧伤事故。

(6)由于短路引起火花。

金属很快熔化,产生飞溅的火花。飞溅出来的金属颗粒温度超过5000℃,可能引起烧伤以及伤害眼睛。

(7)带电高压线路接通和断开时产生的弧光(见图5-3)。

图5-2 电击效应

图5-3 高压线路产生的弧光

5.1.2 电流频率对人体的伤害

1. 人体对不同电流频率的反应

直流电与交流电都会对人体产生伤害,但是交流电对人体伤害的阈值却比直流电的小很多(见表5-3)。交流电压在人体内产生交流电,会触发肌肉组织和心脏颤动。交流电压的频率越低,危险性就越高,交流电会触发心室纤维性颤动,如果不进行急救就会很快致命。

人体在电流的作用下,会有麻、针刺、疼痛、痉挛、呼吸困难、血压升高、心跳不规则、心室颤动等感觉或症状。实践证明,不同频率的电流对人的生理作用是不同的,性别不同对不同频率电流的感知阈值、摆脱阈值、室颤阈值也是不同的,不同频率的电流对人体作用的比较,可参考表 5-3。

表 5-3 不同频率的电流对人体的作用

种类		工频电流	直流	电流频率/Hz
平均感知阈值/mA	男	1.1	5.2	12
	女	0.7	3.5	8
平均摆脱阈值/mA	男	16	76	75
	女	10.5	51	50
室颤阈值/mA		50	200	—

由表 5-3 可看出,对不同频率的电流,男性的人体感知电流和摆脱电流均要高于女性。对于室颤阈值工频电流要低于直流,也就是说,工频电流对人体的威胁也最大。实际上,室颤阈值是引起心室颤动的最小电流值,也是最小的致命电流值。从医学角度讲,心室颤动时,血液中止循环,导致各个器官供血不足或缺血,因而最易使人致命,如果通电时间超过心脏搏动周期,数十毫安的电流通过人体即可能引起心室颤动,造成生命危险。实践表明:心室颤动电流随通电时间的增加而减少,其计算方法有两种。

第一种:

$$I=\frac{k}{\sqrt{t}} \tag{5.1}$$

式中:I——室颤阈值,mA;

t——通电时间,常取 0.01~5 s;

k——计算系数,体重 50 kg 取 116,体重 70 kg 取 165。

第二种:

$$I=50(t \geqslant 1 \text{ s}) \text{ 或 } I=50t(0.01 \text{ s} \leqslant t \leqslant 1 \text{ s}) \tag{5.2}$$

式中:I——室颤阈值,mA;

t——通电时间。

2. 不同频率的电流对人体的伤害

统计资料表明,不同频率的电流对人体的伤害程度列于表 5-4 中。

表 5-4 不同频率的电流对人体的伤害

电流频率/Hz	对人体的伤害
30~100	有 45% 的死亡率
125	有 25% 的死亡率
200 以上	基本消除了触电的危险

由表 5-4 可以看出,频率分布在 30~100 Hz 的电流对人体造成的伤亡比例最大,其原因是这个频率范围虽然不属于次声波范围,但接近于次声波,次声波与生物体的基本作用表现为生物共振。由于人体的各器官都存在一定的固有频率,并分布在次声波的频率范围附

近,如:头部为 8~12 Hz,胸腔为 4~6 Hz,心脏为 5 Hz,腹腔为 6~9 Hz。当外界作用于人体的频率与人体的各个器官的频率相近或相等时,根据物理学知识,将会引起人体器官的共振反应,促使人体的各个器官从外界吸收能量;另一方面共振刺激躯体感受器,将刺激传到中枢神经系统的相关部位,引起人体一系列功能和形态改变,影响组织分子结构、生物氧化和能量代替过程,引起人体器官的异常反应,最终导致人体的死亡。工频电流是频率为 50 Hz 的正弦交流电,其频率虽然高于次声波的频率,但也可认为接近这个范围,因而在触电事故中,出现了死亡率最高的结果。

在对大量的触电事故分析统计中,70%以上的死亡者是在对地电压 220 V、频率 50 Hz 的交流电压下触电的,如以触电者人体电阻为 1 kΩ 计算,在 220 V 电压作用下,通过人体的电流是 220 mA,这个电流能迅速将人致死。现将频率为 50 Hz 的低压工频交流电对人体的作用情况列于表 5-5 中。

表 5-5 50 Hz 工频电流条件下的人体生理反应

电流大小范围/mA	通电时间	人体生理反应
0~0.5	连续通电	无感觉
0.5~5	连续通电	开始有感觉,手腕等处疼痛,没有痉挛,可以摆脱电源
5~30	数分钟以后	痉挛,不能摆脱电源,呼吸困难,血压是可以忍受的极限
30~50	数秒到数分	心脏跳动不规则,昏迷、血压高、强烈痉挛,时间过长引起心室颤动
五十到数百	低于心脏搏动周期	强烈冲击,但未发生心室颤动
五十到数百	超过心脏搏动周期	昏迷、心室颤动,接触部位有电流通过的痕迹
超过数百	低于心脏搏动周期	在心脏搏动周期特定的相位,发生心室颤动、昏迷,接触部位留有电流通过的痕迹
超过数百	超过心脏搏动周期	心脏停止跳动、昏迷,甚至死亡

由表 5-5 可以看出,在一定的通电时间内,在确定的通电路径下,工频交流电在 50 mA 以下时,主要表现为电流的内效应,它以电击为主,对人体的神经系统、心脏等组织器官会造成一定的伤害,虽然此时伴有共振效应,但电流提供的能量不足以构成生命危险。当电流一旦超过 50 mA 达到数百毫安,且通电时间低于心脏搏动周期时,不仅超过心室颤动阈值,导致血液循环中止,而且由于电流提供的能量相对较大,导致部分组织器官共振效应明显,从而引起功能失调,危及生命。况且此时电流相对较大,从而使电流表现为一定的热效应。由此可以看出,触电事故是一个涉及人体生理变化的复杂过程,电击和电伤二者是同时发生的,彼此之间没有严格的区分。

通常情况下,新能源汽车高电压系统中的三相电动机由三相交流电压驱动。三相电动机的输出功率和转速由电压大小和频率控制。因为三相电动机处于运转状态,引发的电气事故相当危险,如图 5-4 所示。

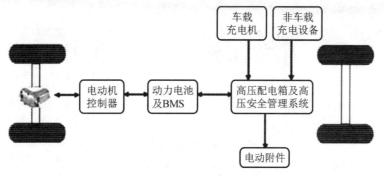

图 5-4 纯电动汽车高电压系统

如果规格中标明交流电压,则该电压指的是行业内通用的有效电压。但是,实际的接触电压会比有效电压高得多,这取决于交流电压的波形(正弦或者矩形)。

3. 人体触电方式

如上所述,能够让人体产生触电的前提是人体与接触电源之间形成了回路,有电流流经人体后才会导致触电。新能源汽车的高电压系统是与车身之间隔离的,因此,在如图 5-5 所示的这种情况下,人体不会产生触电,原因就在于人体没有与直流电源形成回路。

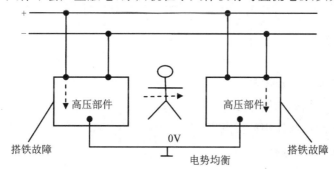

图 5-5 不会触电的情况

但是,当新能源汽车的高电压部件产生对车身搭铁故障时(见图 5-6),人体在同样的情况下就有可能发生触电事故。

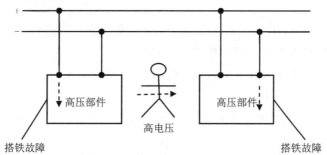

图 5-6 新能源汽车触电情况

在实际工作中,维修工人应该避免因为操作失误导致自己与电压系统形成回路,例如图 5-7 所示的触电方式是大多数维修人员能够避免的,但是图 5-8 所示的两种间接触电方式却很容易被维修人员忽视。

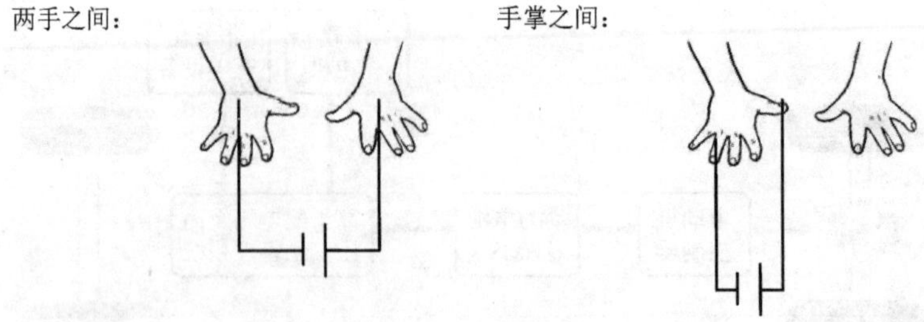

图 5-7 避免直接形成回路

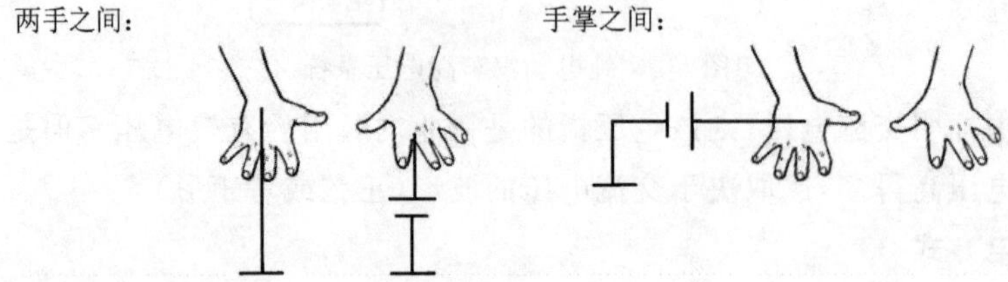

图 5-8 避免间接形成回路

任务 5.2　安全防护用具

【知识目标】
1. 了解常用的安全防护用具。
2. 掌握安全防护用具的使用方法。
3. 掌握安全防护用具使用的注意事项。
4. 掌握绝缘维修工具的分类。

【能力目标】
1. 熟练使用安全防护用具。
2. 能够进行安全防护用具的选择。

【任务引入】
新能源汽车具有高压电气系统,在对高压系统中的高压组件进行维修时,必须采取有效的安全保护措施,避免在维修过程中出现高压触电现象。现在你被安排去维修一辆新能源电动汽车,你的主管要求你做好安全防护措施,你知道该如何做吗?

【任务实施】
在对新能源汽车高电压系统进行维修时,需要采取高压安全防护措施,主要包括个人安全防护用具及使用注意事项、绝缘维修工具及使用注意事项。

5.2.1　个人安全防护用具及使用注意事项

虽然现有新能源汽车都设计有较好的防止意外触电功能,但是针对事故车辆及这些车辆的高压动力电池组始终存在高压电的风险,因此维修过程中对高压电的警惕丝毫不能放松。

防止触电的个人安全防护用具主要有绝缘手套、护目镜、绝缘鞋、绝缘帽、绝缘垫、非化纤材质的衣服等，如图 5-9 所示。

图 5-9　主要个人防护设备

1. 绝缘手套

绝缘手套是纯电动汽车检验和维修过程中常用的安全器具和重要的绝缘防护装备，因此对绝缘手套的安全性能提出了更加严格的要求，绝缘手套跟普通手套在设计上不同，绝缘手套在结构设计上采用绝缘橡胶材料制作的围条，绝缘层形成密闭的绝缘体系来保护手部。而普通手套用的不是绝缘材料，绝缘性能很低易漏电，绝缘手套出厂时必须进行电性能检验，合格后方可出厂。

用于高压车辆维修用的绝缘手套（见图 5-10）通常有两种独立的性能：一是在进行任何有关高压组件或线路的操作时，需要使用橡胶制成的绝缘手套，并能够承受 1000V 以上的工作电压；二是具备抗酸、碱性，当工作中接触来自高压动力电池组的酸性或碱性等化学物质时，防止这些物质对人体组织造成伤害。

图 5-10　绝缘手套　　　　　图 5-11　绝缘手套气密性检查

绝缘手套使用过程中的注意事项主要包括以下内容。

（1）用户购进手套后，如发现在运输、储存过程中遭雨淋、受潮湿发生霉变，或有其他异常变化，应到法定检测机构进行电性能复核试验，验证手套的绝缘性能是否下降。

（2）在使用前必须进行气密性检查，发现有任何破损则不能使用，如图 5-11 所示。

（3）作业时，应将衣袖口套入手套筒口内，以防发生意外。

（4）使用后，应将内、外污物擦洗干净，待干燥后，撒上滑石粉放置平整，以防受压受损，且不要放于地上。

（5）应储存在干燥、通风、温度 −15℃ ～ +30℃、相对湿度 50%～80% 的环境下，远离热源,离开地面和墙壁 20 cm 以上,避免受酸、碱、油等腐蚀品物质的影响,不要露天放置避免阳光直射。

(6)使用 6 个月必须进行预防型试验。

2. 护目镜

戴上合适的防护眼部的护目镜(见图 5-12),以防止电池液飞溅。新能源高压电车辆维修用护目镜应该具有侧面防护功能,防止维修过程中产生的电火花对眼睛造成伤害。

图 5-12 护目镜

美国国家标准协会(ANSI)以抗冲击性为标准,对护目镜进行了规范。截至 2012 年,有两种规范:ANSI 287.1 2010 和 ANSI 287+。相比 ANSI 287.1 2010,ANSI 287+对抗冲击性的要求更加严格。通过 ANSI 287.1 2010 和 ANSI 287+规范标准的护目镜会在镜片上印有相应的标志。

对于其他危害,例如化学品喷溅或溢出造成的化学烧伤,则需要更高级别的眼部防护。常用于化学实验的全密闭型护目镜(见图 5-13),可达到这种要求,但是它在大多数新能源汽车的保养和维修操作中并不常见。技术人员可参考汽车制造商提供的维修安全信息,以获取更加精确的护目用具要求。

护目镜使用过程中的注意事项包括以下内容。

(1)护目镜要选用经产品检验机构检验合格的产品。

(2)护目镜的宽窄和大小要适合使用者的脸型。

(3)镜片磨损粗糙、镜架损坏,会影响操作人员的视力,应及时更换。

(4)护目镜要专人使用,防止传染眼病。

(5)焊接护目镜的滤光片和保护片要按规定作业需要选用和更换。

(6)防止重摔重压,防止坚硬的物体摩擦镜片和面罩。

3. 绝缘安全鞋

绝缘安全鞋的作用是使人体与地面绝缘,防止电流通过人体与大地之间构成通路,对人体造成电击伤害,把触电时的危险降低到最小限度。因为触电时电流是经接触点通过人体流入地面的,所以电气作业时不仅要戴绝缘手套,还要穿绝缘鞋(见图 5-14)。

图 5-13 全密闭护目镜

图 5-14 绝缘安全鞋

绝缘安全鞋根据 GB 4385—1995 标准进行生产,电阻值范围为 100 kΩ~1000 MΩ,具有透气性能好,防静电,耐磨,防滑等功能。

绝缘安全鞋使用过程中的注意事项包括以下内容。

(1)应避免绝缘鞋踩到金属碎屑等锋利的物体,否则鞋底易被割破刺穿,影响绝缘性能。

(2)在高温作业场所或直接接触高温物体的工作环境,应注意绝缘鞋鞋底有遇高温熔融的可能。

(3)在使用酸碱稀释剂等溶剂或使用水量较多的工作环境,容易产生脱胶剥落、破损、腐蚀、分解等,会使绝缘鞋加快老化。

(4)为了保证使用安全,应把鞋带系牢固,不要在鞋帮面上打洞。

(5)绝缘鞋在储存时,自出厂日超过 18 个月,应逐只进行电性能预防性检验。

(6)绝缘鞋凡帮底有腐蚀破损之处,不能再作电绝缘鞋穿用。

(7)电绝缘鞋使用中每 6 个月应进行一次电性能测试,如不合格应停止使用。

(8)要保持干燥,并且在干燥状态下穿。

(9)绝缘鞋(靴)的外观、色泽应与其他安全鞋或日常生活鞋(靴)有显著的区别,并应在明显处标出"绝缘"两字和耐压等级以利于识别,防止错用。

4. 非化纤工作服

维修新能源汽车高电压系统时,必须穿非化纤类的工作服。化纤类的工作服容易产生静电,并且当发生火灾事故时,化纤会在高温环境下粘连人体皮肤,导致维护人员产生严重的二次伤害。

5. 绝缘帽

绝缘帽是防止冲击物伤害头部的防护用品,由帽壳、帽衬、下颊带和后箍组成。帽壳呈半球形,坚固、光滑并有一定弹性,打击物的冲击和穿刺动能主要由帽壳承受。帽壳和帽衬之间留有一定空间,可缓冲、分散瞬时冲击力,从而避免或减轻对头部的直接伤害。冲击吸收性能、耐穿刺性能、侧向刚性、电绝缘性、阻燃性是对绝缘帽的基本技术性能的要求,如图 5-15 所示。

图 5-15 绝缘帽

绝缘帽在使用过程中应注意以下事项。

(1)使用之前应检查绝缘帽的外观是否有裂纹、伤痕、凸凹不平、磨损,帽衬是否完整,帽衬的结构是否处于正常状态,如存在影响其性能的明显缺陷就及时报废,以免影响防护作用。

(2)使用者不能随意在绝缘帽上拆卸或添加附件,以免影响其原有的防护性能。

(3)使用者不能随意调节帽衬的尺寸,这会直接影响绝缘帽的防护性能,落物冲击一旦发生,绝缘帽会因没戴牢脱出或因冲击后触顶直接伤害佩戴者。

(4)佩戴者在使用时一定要将绝缘帽戴正、戴牢,不能晃动,要系紧下颚带,调节好后箍以防止绝缘帽脱落。

(5)不能私自在绝缘帽上打孔,不要随意碰撞绝缘帽,不要将绝缘帽当板凳坐,以免影响其强度。

(6)经受过一次冲击或做过试验的绝缘帽应报废,不能再次使用。

(7)绝缘帽不能在有酸、碱或化学试剂污染的环境中存放,不能放置在高温、日晒或潮湿的场所中,以免其老化。

(8)应注意在有效期内使用绝缘帽,塑料绝缘帽的有效期限为 2 年半,超过有效期的绝缘帽应报废。

6. 绝缘胶垫

绝缘胶垫又称绝缘毯、绝缘垫、绝缘橡胶板、绝缘胶板、绝缘橡胶垫、绝缘地胶、绝缘胶皮、绝缘垫片等。具有较大体积电阻率和耐电击的胶垫,如图 5-16 所示。

绝缘胶垫主要采用胶类绝缘材料制作。用 NR、SBR 和 IIR 等绝缘性能优良的非极性橡胶制造,具有以下特性:

(1)绝缘胶垫上下表面应不存在有害的不规则性。

有害的不规则性是指下列特征之一,即破坏均匀性、损坏表面光滑轮廓的缺陷,如小孔、裂缝、局部隆起、切口、夹杂导电异物、折缝、空隙、凹凸波纹及铸造标志等。

(2)无害的不规则性是指生产过程中形成的表面不规则性。质量好的绝缘胶垫没有异味,没有气泡,没有凹坑,表面光滑整洁干净。

5.2.2 绝缘维修工具及使用

1. 绝缘维修工具

绝缘维修工具是采用绝缘材料进行加工并适用于新能源汽车维修的使用工具,维护新能源高电压类车辆时,必须使用带有绝缘功能的工具,这些工具包括常用的套筒、开口扳手、螺丝刀、钳子、电工刀等,也包括专用的仪表,如数字万用表,如图 5-17 所示。

图 5-16 绝缘胶垫

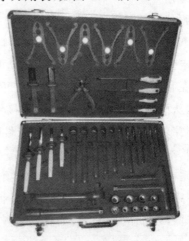

图 5-17 绝缘维修工具

使用绝缘维修工具可以有效防止意外触电事故的发生,我国的绝缘工具分为三个类型,在新能源汽车高电压设备维修时,要求使用Ⅱ类以上的绝缘工具。

(1)Ⅰ类工具。

指采用普通基本绝缘的电动工具。在防触电保护方面不仅依靠基本绝缘,而且还应附加一个安全预防措施,即对正常情况下不带电,而在其基本绝缘损坏时变为带电体的外露可导电部分作保护接零。为了可靠,保护接零应不少于两处,并且还要附加漏电保护,同时要求操作者使用绝缘防护用品。

(2)Ⅱ类工具。

指采用双重绝缘或加强绝缘的电动工具,在防触电保护方面不仅依靠其基本绝缘,而且有将其正常情况下的带电部分与可触及的不带电的可导电部分作双重绝缘或加强绝缘隔离措施,相当于将操作者个人绝缘防护用品以可靠的、有效的方式设计制作在工具上。

(3)Ⅲ类工具。

指采用安全电压供电的电动工具,在防触电保护方面依靠安全隔离变压器供电。

2. 使用注意事项

绝缘维修工具在维修使用过程中应注意以下事项:

(1)安全用具应存放在干燥、通风的场所。

(2)检查外观应清洁,无油垢,无灰尘。

(3)绝缘表面无裂纹、断裂、毛刺、划痕、孔洞及明显的变形等。

(4)使用前应检查其是否在实验合格有效期内。

任务5.3　触电应急救援

【知识目标】

1. 掌握触电应急救援流程。
2. 掌握现场心肺复苏方法。
3. 掌握人工呼吸的方法。

【能力目标】

1. 能够进行实际现场心肺复苏操作。
2. 能够实际进行人工呼吸操作。

【任务引入】

在维修新能源汽车的过程中,高压触电风险是一直存在的,为了更好地保护维修工作人员的生命安全,车间主管要求你安排一场新能源汽车维修人员触电应急救援讲座,培训大家触电应急救援的相关知识,你该如何开展此次培训?

【任务实施】

5.3.1　触电应急救援流程

新能源汽车在维修的过程中有高电压的存在,维修工作人员存在一定的触电的风险,因此对于新能源汽车维修店或者4S店而言,都应该有自己的触电应急救援流程,完整应急处理流程能够提高触电者被救活的概率。应急流程应主要包括以下内容:

1. 现场应急处置

(1)维修过程中发生触电事故时,应迅速报告事故应急工作组,并立即启动应急预案,依照预案指示开展应急处置及伤者救援。

(2)事故现场除伤者外的人员,尤其是应急救援队成员应尽快投入救援工作,在现场采取积极措施,保护伤员的生命,减轻伤情,减少痛苦,控制、降低事故损失及影响。

(3)迅速与医疗急救中心(医疗部门)取得联系,方便进行人员救治。

(4)将现场救护、处置情况及时上报。

(5)做好伤者及事故现场的善后处理工作。

(6)调查事故原因,并采取措施整改,避免事故再次发生。

2. 脱离电源

电流作用的时间越长,伤害越重,所以在发生触电事故后,应采取一切安全、可靠的手段迅速切断电源以解救触电者,使触电者脱离电源的方法如下:

1) 低压触电事故脱离电源的方法

(1) 用带绝缘柄的电工钳或有干燥木柄的斧头切断电源。

(2) 用带有绝缘胶柄的钢丝钳、绝缘物体或干燥不导电物体等工具将触电者迅速与电源分离。

2) 高压触电事故脱离电源方法

(1) 带上绝缘手套,穿上绝缘鞋,用相应电压等级的绝缘工具迅速断开电源。

(2) 抛掷裸金属线使线路短路接地,迫使保护装置动作,断开电源。

3. 脱离电源后的处理

触电者脱离电源后,现场救护人员应迅速对触电者伤情进行判断,根据触电者神智是否清醒、有无意识、有无呼吸、有无心跳(脉搏)等伤情对症抢救。同时设法联系医疗救护中心(医疗部门)的医生到现场接替救治。

4. 应急操作

(1) 使伤员仰面平躺,头、颈、躯干平卧无扭曲,双手放于两侧躯干旁。

(2) 当发现触电者呼吸微弱或停止时,应立即通畅触电者的呼吸道(气道)以促进触电者呼吸或便于抢救。

(3) 在通畅呼吸道后,保持开放气道位置,用"看、听、试"的方式判断触电者是否有呼吸。有呼吸者,注意保持气道通畅;无呼吸者,立即进行口对口人工呼吸。

(4) 检查伤员有无脉搏,判断伤员的心脏跳动情况。综合触电者情况判定:触及波动,有脉搏、心跳;未触及波动,心跳已停止。如无意识,无呼吸,瞳孔散大,面色紫绀或苍白,再加上触不到脉搏,可以判定心跳已经停止。

(5) 轻轻拍打伤员肩部,并高声呼救。无反应时,立即用手指甲掐压人中穴、合谷穴约5 s,伤者如出现眼球活动、四肢活动及疼痛感后,应立即停止掐压穴位。

(6) 呼救。一旦初步确定伤员神智昏迷,应立即召唤周围的其他人员前来协助抢救。叫来的人除协助做心肺复苏或人工呼吸外,还应立即打电话给医疗部门或呼叫受过救护训练的人前来帮忙。

5. 现场心肺复苏或人工呼吸

若以上措施实施后伤者仍无呼吸和心跳,应立即进行心肺复苏法或人工呼吸并反复循环进行,其间用看、听、试的方法对伤员呼吸和心跳是否恢复进行判定,并口述瞳孔、脉搏和呼吸情况,直到触电者心肺恢复或专业医务人员来交接。

6. 事件报告流程

(1) 触电事故发生后,事故现场人员向事故应急工作组报告触电者信息、事故发生时间、地点和范围、已经采取的措施等。

(2) 事故应急工作组向公司汇报人员伤亡,事故应急处置进展等情况。

(3) 公司根据相关规定,向公司安全监察处报告。

7. 注意事项

(1) 急救成功的关键是动作快,操作准确,任何拖延和操作错误都会导致伤情加重或死亡。

(2) 企业救护人员应该定期接受培训,学习紧急救护方法,会正确脱离电源,会心肺复苏法和人工呼吸法,会止血、包扎,会转移搬运伤员,会处理急救外伤等。生产现场和经常有人工作的场所应配备急救箱,存放急救用品,并应指定专人对这些急救用品经常检查、补充或更换。救护触电者时,要注意救护者和被救护者与附近带电体之间的安全距离,防止再次触及带电设备,即使电源已断开,对未做安全措施或已挂设接地线的设备也应视作带电设备。

(3) 操作救护人员在使触电者脱离电源之前,应采取可靠措施切断电源,确保操作区域安全,防止人员再次触电。

(4) 判断触电者意识时,拍打伤员肩部不可用力太重,以防加重可能存在的骨折等损伤。

(5) 事故现场人员向事故应急工作组汇报信息,必须做到数据源唯一、数据准确、及时。

5.3.2 现场心肺复苏

心肺复苏是对呼吸停止,心跳骤停的一种急救措施,试图通过心肺复苏使病人恢复自主呼吸和心跳。如高压电触电、异物堵塞呼吸道等导致病人停止呼吸和心跳的情况均可通过心肺复苏来抢救。

1. 心前区捶击

在心脏骤停后的 1 分 30 秒内,心脏应激性最高,此时拳击心前区,可使心肌兴奋并产生电综合波,促使心脏复跳。

采用方法:右手松握空心拳,小鱼际肌侧朝向触电者胸壁,以距胸壁 20～30 cm 高度,垂直向下捶击心前区,即胸骨下段。捶击 1～2 次,每次 1～2 秒,力量中等,观察触电者心跳变化,如无变化,应立即改为胸外心脏按压和人工呼吸。

2. 打开气道

触电者心跳呼吸停止、意识丧失后,全身肌肉松弛,口腔内的舌肌也松弛,舌根后坠而堵塞呼吸道,造成呼吸阻塞。在进行口对口吹气前,必须打开气道,保持气道通畅。

1) 手动打开气道的方法

仰面抬颈法:抢救者位于触电者一侧,一只手置触电者前额向后加压,使头后仰,另一只手托住颈部向上抬颈。

仰面举颏法:抢救者位于触电者一侧,一只手置触电者前额向后加压使头后仰,另一只手(除拇指外)的手指置于下颏外之下颌骨上,将颏部上举。注意勿压迫颌下软组织,以免压迫气道。

托下颌法:抢救者位于触电者头侧,两肘置于触电者背部同一水平面上,用双手抓住触电者两侧下颌角向上牵拉,使下颏向前、头后仰,同时两拇指可将下唇下拉,使口腔通畅。

操作过程中,触电者仰卧于硬板床或地面上,头部与心脏在同一水平,以保证脑血流量,如有可能应抬高下肢,以增加回心血量。

2) 胸外按压操作

抢救者按压时,按压部位在胸骨下 1/3 段,为保证按压力垂直作用于病人胸骨,操作者应根据抢救现场的具体情况,采用站在地面或脚凳上,或采用跪式等体位。然后沿肋弓下缘上移至胸骨下切迹,将中指紧靠胸骨切迹(不包括剑突)处,食指紧靠中指。将另一只手的掌根(长轴与病人胸骨长轴一致)紧靠前一只手的食指置于胸骨上。然后将前一只手置于该手背上,两手平行重叠,手指并拢、分开或互握均可,但不得接触胸壁。

抢救者双肘伸直,借身体和上臂的力量,向脊柱方向按压,使胸廓下陷 3.5～5 cm,尔后迅速放松,解除压力,让胸廓自行复位,使心脏舒张,如此有节奏地反复进行。按压与放松的时间大致相等,放松时掌根部不得离开按压部位,以防位置移动,但放松应充分,以利血液回流,按压频率80~100次/分钟。

3) 心肺复苏术施行有效

(1) 恢复自主的呼吸和脉搏。

(2) 有知觉、反应及呻吟等。

4) 终止心肺复苏术的条件

(1) 已恢复自主的呼吸和脉搏。

(2) 有医务人员到场。

(3) 操作者已筋疲力尽而无法再施行心肺复苏术。

(4) 心肺复苏术持续一小时之后,患(伤)者瞳孔散大固定,心电活动、呼吸不恢复,表示脑及心脏死亡。

5.3.3 人工呼吸

人在触电的情况下,呼吸可能停止,但如果及时进行人工呼吸,予以抢救,很可能挽回生命。人工呼吸就是人为地帮助触电者进行被动呼吸活动,达到气体交换,促使触电者恢复自动呼吸的救治目的。常用的人工呼吸方法有三种,即口对口(口对鼻)呼吸、俯卧背压法、仰卧压胸法。

1. 口对口(口对鼻)人工呼吸

根据触电者的病情选择打开气道的方法,患者取仰卧位,抢救者一手放在患者前额,并用拇指和食指捏住患者的鼻孔,另一手握住颏部使头尽量后仰,保持气道开放状态,然后深吸一口气,张开口以封闭患者的嘴周围(婴幼儿可连同鼻一块包住),向触电者口内连续吹气2次,每次吹气时间为1~1.5 s,吹气量1000 mL左右,直到胸廓抬起,停止吹气。此时,松开嘴,并放松捏住鼻孔的手,将脸转向一旁,用耳听有否气流呼出,再深吸一口新鲜空气为第二次吹气做准备,当患者呼气完毕,即开始下一次同样的吹气,如图5-18所示。

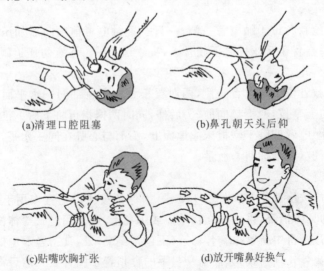

(a) 清理口腔阻塞　　　　(b) 鼻孔朝天头后仰

(c) 贴嘴吹胸扩张　　　　(d) 放开嘴鼻好换气

图5-18　口对口人工呼吸

如触电者仍未恢复自主呼吸,则要进行持续吹气,成人吹气频率为12次/分钟,儿童

15 次/分钟,婴儿 20 次/分钟,但是要注意,吹气时吹气容量相对于吹气频率更为重要,开始的两次吹气,每次要持续 1~2 秒钟,让气体完全排出后再重新吹气,一分钟内检查颈动脉搏动及瞳孔、皮肤颜色,直至触电者复苏,或死亡为止。

2. 俯卧压背法

此法应用较普遍,但在人工呼吸中是一种较古老的方法。由于被救人员取俯卧位,舌头能略向外坠出,不会堵塞呼吸道,抢救者不必专门来处理舌头,节省了时间(在极短时间内将舌头拉出并固定好并非易事),能及早进行人工呼吸。气体交换量小于口对口吹气法,但抢救成功率较高。在抢救触电人员现场多用此法。具有操作方法分为以下几个步骤,操作如图 5-19 所示。

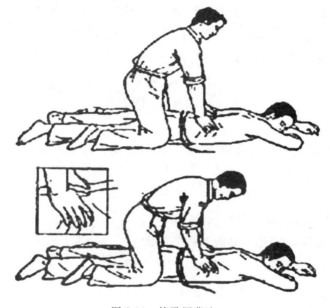

图 5-19 俯卧压背法

(1)触电者取俯卧位,即胸腹贴地,腹部可微微垫高,头偏向一侧,两臂伸过头,一臂枕于头下,另一臂向外伸开,以使胸廓扩张。

(2)抢救者面向其头,两腿屈膝跪地于伤病人大腿两旁,把两手平放在其背部肩胛骨下角(大约相当于第七对肋骨处)、脊柱骨左右,大拇指靠近脊柱骨,其余四指稍开微弯。

(3)抢救者俯身向前,慢慢用力向下压缩,用力的方向是向下、稍向前推压。当抢救者的肩膀与病人肩膀将成一直线时,不再用力。在这个向下、向前推压的过程中,即将触电者肺内的空气压出,形成呼气。然后抢救者慢慢放松卸力,使外界空气进入触电者肺内,形成吸气。

(4)按上述动作,反复有节律地进行,每分钟 14~16 次。

3. 仰卧压胸法

仰卧压胸法便于观察病人的表情,而且气体交换量也接近于正常的呼吸量。但最大的缺点是,伤员的舌头由于仰卧而后坠,阻碍空气的出入。所以采用本法时要将舌头拉出。仰卧压胸法的具体操作方法分为以下几个步骤,操作如图 5-20 所示。

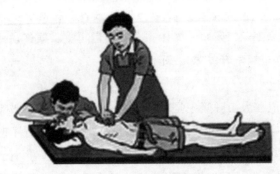

图 5-20 仰卧压胸法

(1)触电者取仰卧位,背部可稍加垫,使胸部凸起。

(2)抢救者屈膝跪地于病人大腿两旁,把双手分别放于乳房下面(相当于第六七对肋骨处),大拇指向内,靠近胸骨下端,其余四指向外,放于胸廓肋骨之上。

(3)向下稍向前压,其方向、力量、操作要领与俯卧压背法相同。

习 题

1. 根据人体对电流的不同反应,结合人体对电流的感觉阈值,可以将其分成几个效应区?
2. 电流频率对人体的影响有哪些?
3. 电流对人体的伤害形式有哪些?
4. 采取何种方式避免在维修新能源汽车时触电?
5. 常用的新能源汽车维修个人安全防护用具有哪些?
6. 个人安全防护用具的使用过程中应该注意哪些事项?
7. 如何进行绝缘手套气密性的检查?
8. 常用的绝缘维修工具有哪些?
9. 绝缘维修工具在使用过程中应该注意什么?
10. 触电事故现场应急处理的程序是如何进行的?
11. 如何准确判断触电人员的意识情况?
12. 如何正确进行现场心肺复苏操作?
13. 如何正确进行人工呼吸操作?

项目六　电动汽车使用

任务 6.1　电动汽车驾驶

【知识目标】
1. 了解电动汽车仪表盘的各参数说明。
2. 了解电动汽车的充电方法。
3. 掌握启动开关及挡位执行器各挡的含义。

【能力目标】
1. 能够描述纯电动汽车驾驶时的注意事项。
2. 能简述电动汽车充电时的注意事项。

【任务引入】
新能源汽车现在已经成为汽车发展的趋势,现在市面上挂着绿牌的电动汽车越来越多。那么,电动汽车和普通汽油车内部结构有哪些不同?电动汽车驾驶过程中又需要注意哪些问题呢?

【任务实施】
本节仅论述与传统燃油汽车使用相比不同的部分,具体涉及以下这几个关键部件:仪表盘、启动开关、挡位执行器、车辆充电接口等。

6.1.1　仪表盘

电动汽车的仪表盘可以显示车辆的实时情况,例如车速、电量、里程等等,如图 6-1 所示。具体以北汽 EV200 为例展开说明。

驱动电动机功率表　　　　行车电脑显示屏　　　　车速表
图 6-1　北汽 EV200 仪表盘

1. 驱动电动机功率表

驱动电动机功率表显示的是车辆当前的驱动电动机功率,0%～100%只是当前驱动电动机输出的实际功率与可输出最大功率的比,功率数值越大表明当前车辆动力越强,否则反之。功率表的绿色量程部分表示制动能量回收强度,即指针越靠近表盘底端表示制动能量回收强度越强。

2. 车速表

显示汽车当前速度,指针所指向的数字代表了汽车的当前速度,指针指向范围为 0～160 km/h。

3. 行车电脑显示屏

行车电脑显示屏可显示多种不同的行车界面,通过按钮 A/B 调节切换,主要显示数字电压、瞬时电耗、数字车速、保养里程、数字电流、平均电耗与驱动电动机转速值等。

图 6-2　数字电压值图

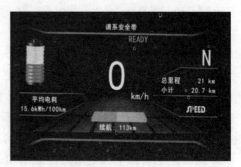

图 6-3　数字车速

图 6-4 显示的为当前动力电池充放电的电流值。正值表示动力电池正在放电,负值表示动力电池正在自充电。0×100 r/min 表示当前驱动电动机的转速。

图 6-4　数字电流值

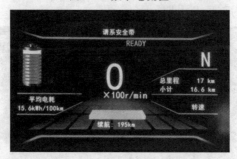

图 6-5　数字驱动电动机转速值

图 6-6 指示车辆行进时的电耗强度,从中间到两侧电耗依次增强。

车辆行进时的平均耗电量,以 kWh/100km 为单位,即度/100km,如图 6-7 所示。车辆刚启动时,显示的电耗可能比较高,随着行车时间越长,平均电耗会趋于稳定。平均电耗可辅佐驾驶员养成良好的行车习惯。

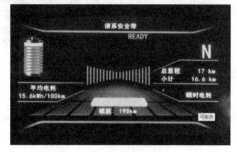

图 6-6　瞬时电耗

图 6-7　平均电耗

电量表总共被分为十格,每格表示 10% 的电量。当电量剩余三格时显示为橙色;当电量仅剩一格时显示为红色,此时应尽快就近选择充电桩对车辆进行充电,如图 6-8 所示。

仪表盘下端有两个按钮,按钮 A 和按钮 B,如图 6-9 所示。

图 6-8　电量表

图 6-9　按钮

按钮 A 功能切换如表 6-1 所示,按钮 B 功能切换如表 6-2 所示。

表 6-1　按钮 A 功能切换

当前显示模式	开关按住时间	开关放开后显示模式
平均电耗	$t<2$ s	保养里程
保养里程	$t<2$ s	平均电耗
	$t>10$ s	保养里程复位至 10000 km

表 6-2　按钮 B 功能切换

当前显示模式	开关按住时间	开关放开后显示模式
车速	$t<2$ s	数字电压值
数字电压值	$t<2$ s	数字电流值
数字电流值	$t<2$ s	数字转速值
数字转速值	$t<2$ s	瞬时电耗
瞬时电耗	$t<2$ s	车　　速
任意模式	$t>3$ s	小计清零
充电模式	—	车辆充电信息

车辆统计里程一共分为三种,分别是续驶里程、总计里程和小计里程。

(1)续驶里程。

续驶里程表示车辆当前电量可行驶的距离,仪表显示精度最小为 1 km,如图 6-10 所示。当续驶里程显示为"—",且能量条消失,可能是以下原因造成的:

图 6-10 续驶里程

①动力电池剩余电量过低,此时应缓慢行驶,并尽快对车辆进行充电;

②车辆刚打到 ON 挡时,此时车辆控制器开始计算续驶里程,仪表会延时几秒后显示当前续驶里程。

续驶里程会受驾驶方式、天气、温度、行车环境等数据影响。

(2)总计里程。

总计里程是该车出厂后,所有行驶里程的累计,不能通过按钮进行清零设置(见图 6-11)。总里程数字有效位数达 6 位,精度为 1 km,显示范围在 0～999999 km,当达到最大里程时,会停留在 999999 km 处。

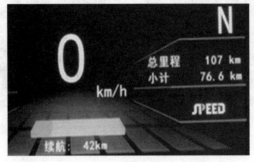

图 6-11 总计里程和小计里程

(3)小计里程。

小计里程的数字有效位数达 4 位,精度为 0.1 km。显示范围在 0～999.9 km。达到最大值时,会自动清零并重新开始计算小计里程。车辆停止时,小计里程停止计算。

将小计里程清零时,只需按下按钮 B 达 3 s 以上,即可实现对小计里程的清零。

4. 仪表指示灯

电动汽车仪表指示灯如表 6-3 所示,未标明的仪表指示灯与传统汽车的仪表指示灯意义相同。

表 6-3 仪表指示灯

序 号	名 称	显示位置	符 号	颜 色
1	充电提示灯	显示屏		黄色
2	充电提示灯	表盘		红色
3	READY 提示灯	显示屏	READY	绿色

续表

序号	名称	显示位置	符号	颜色
4	电动机冷却液温度过高	显示屏	![图标]	红色
5	电动机转速过高	文字提示区域	—	—
6	动力电池断开	显示屏	![图标]	黄色
7	驱动电动机系统故障	文字提示区域	—	—
8	车身控制模块故障	文字提示区域	—	—

6.1.2 启动开关

钥匙开关主要有四个挡位,分别是 LOCK 挡、ACC 挡、ON 挡、START 挡,如图 6-12 所示。当钥匙处于 LOCK 处时,可将钥匙拔出、方向盘锁死、大部分电路不能正常工作;当钥匙处于 ACC 处时,个别电器和附件可以工作,方向盘解锁;钥匙位于 ON 挡时,所有仪表、警告灯、电路可以工作,高压上电完毕;钥匙位于 ON 挡且挡位在 N 挡时,整车即可以显示 READY,可以踩制动踏板挂挡行车。

6.1.3 挡位执行器

北汽 EV200 挡位执行器如图 6-13 所示。

图 6-12 启动开关

图 6-13 挡位执行器

倒挡 R:在选择倒挡前,请确保车辆处于静止状态。然后踩下制动踏板,将旋钮旋至 R 挡位置。此时字母 R 显示为冰蓝色。其余未选中挡位字母为白色。

空挡 N:电动汽车变速旋钮不放入任何前进或后退挡位。

前进挡 D:在选择 D 挡时,请确保车辆处于静止状态。然后踩下制动踏板,将旋钮旋至 D 挡位置,此时字母 D 显示为冰蓝色。其余未选中挡位字母为白色。

前进挡经济模式 E:在选择 E 挡时,请确保车辆处于静止状态。然后踩下制动踏板,将旋钮旋至 E 挡位置,此时字母 E 显示为冰蓝色。其余未选中挡位字母为白色。

辅助按键 E＋和 E－:位于换挡旋钮左侧,且只在 E 挡有效;E＋表示制动能力回收强度增大,最大为 3 挡;E－表示制动能力回收强度减小,最小为 1。

1. 车辆启动

(1)将钥匙旋至 START 处。

(2)踩下制动踏板,并将挡位旋钮从"N"挡旋至"D"挡。

(3)慢慢松开制动踏板,待制动踏板完全松开后,踩下电门,车辆起步行驶。

2. 车辆停止

(1)车辆在行驶过程中先踩下制动踏板,让车辆减速直至停车。

(2)停车后不要松开制动踏板,将旋钮从"D"挡旋至"N"挡。

(3)拉起手刹制动系统,并松开制动踏板。

(4)将钥匙旋至"OFF"处,车辆停车完毕。

3. 换挡注意事项

(1)车辆静止时,驾驶员进行换挡操作必须同时踩下制动踏板才能换挡成功。如果驾驶员换挡时,未踩下制动踏板,仪表显示当前换挡旋钮的物理挡位并进行闪烁,此时驾驶员需要换至 N 挡,重新进行换挡操作。

(2)车辆运行中,当车速低于 5 km/h 并不为 0 时,驾驶员进行换挡操作,从 D 至 R 挡、E 至 R 挡,或者从 R 至 D 挡、R 至 E 挡不需要踩制动踏板。当车速高于 5 km/h 时,从 D 至 R 挡、E 至 R 挡,或者从 R 至 D 挡、R 至 E 挡,仪表显示当前挡位位置并闪烁,整车不响应油门需求。

4. 驾驶时的注意事项

(1)在驾驶过程中,请勿将手放置在换挡旋钮上,手的压力可能导致换挡机构的过早磨损。

(2)启动车辆前,请确认旋钮处于 N 挡位置。

(3)在车辆运行过程中请勿换挡。

车辆在湿滑条件下行车时,要和前车保持距离,雨天路滑,车辆容易出现打滑的情况,一定要注意减速慢行。同时要保证制动液得到干燥,车主一定要保持制动系统的干燥,一旦水进入制动液,在制动过程中就会因摩擦产生高温,这时就会使水汽化,气体在制动液中被压缩,这就会造成制动减效甚至失效。而且车辆经过清洗或涉水后,制动系统也会变得潮湿,造成停车距离变长或车辆在停车时偏向一边。所以车主在制动器潮湿时,最好是到维修点进行吹干处理,一方面恢复制动系统制动功能,另一方面也将雨水带入的泥沙吹走,减少它们对制动系统的破坏。

车辆在经过积水路段时需注意涉水深度不得超过车辆下边缘。在涉水时,应该关闭空调,缓慢匀速行驶。待驶出积水区域后,要连续踩制动踏板,以确保制动系统得以干燥。

6.1.4 车辆充电接口

1. 充电与充电线

北汽 EV200 的充电口设置在车头的进气格栅和车身左侧如图 6-14 所示,通过快充口进行充电,单次充满电需要 6 到 8 个小时,而快充充电口单次充电需 1 小时左右。

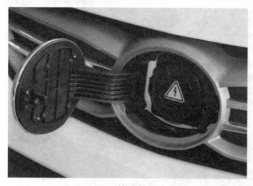
(a)快充口

(b)慢充口

图 6-14　车辆充电口

充电线:北汽 EV200 随车标配一根交流充电桩用交流充电线(公用充电线),放在车内后备厢中的收纳袋中。

图 6-15 中分别有两条充电线,一条是随车标配的交流充电线(常为黑色),另一条是家用交流慢速充电线。

图 6-15　充电线

2. 充电插头

车辆充电插头如图 6-16 所示,桩端充电枪为黑色,并有充电桩标签;车辆充电枪为黑/蓝色,并有车端标签。

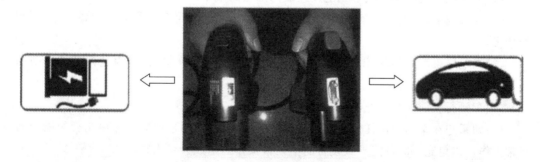

图 6-16　车辆充电插头

3. 充电状态介绍

动力电池充满电后,行车电脑显示屏自动点亮,蜂鸣器鸣叫,提示电量已充满,10 s 后屏幕熄灭如图 6-17 所示。

图 6-17 车辆充电状态

充电电流为负值,表示动力电池正在充电,正值表示动力电池正在放电。

车辆进入充电状态后,组合仪表的行车电脑显示屏自动点亮,显示当前充电信息,10 s 后屏幕熄灭,若再次需要查看充电信息,可以通过以下方式点亮仪表盘。

(1)通过按下按钮 B,可再次点亮液晶屏,显示充电信息 10 s 后熄灭。

(2)按下遥控钥匙的闭锁键,远程操控点亮行车电脑显示屏,10 s 后自动熄灭。

4. 充电安全警告

(1)请选择在相对安全的环境下充电(如避免有液体、火源等环境)。

(2)不要修改或者拆卸充电端口和充电设备,这样可能导致充电故障引起火灾。

(3)充电前请确保车辆充电口和充电连接器端口内没有水或外来物,以及金属端子没有生锈或者腐蚀造成的破坏或者影响,这些情况下不允许充电。因为不正常的端子连接可能导致短路或电击,威胁生命安全。

(4)如果在充电时闻到车里散发出一种不同寻常的气味或看到有烟,请立即停止充电。

5. 预防意识

为了避免造成严重的人身伤害,车辆正在充电时,要有以下预防意识:

(1)不要接触充电端口或者充电连接器内的金属端子。

(2)当有闪电时,不要给车辆充电或触摸车辆,闪电击中可能导致充电设备损坏,引起人身伤害。

(3)充电结束后,不要以湿手或站在水里时去断开充电连接器,因为这样可能会引起电击,造成人身伤害。

(4)车辆行驶前请确保充电连接器从充电口断开。

(5)如果想在车内使用任何医学设备,在使用之前请和制造商确认充电是否影响设备的正常工作。以免充电时可能导致设备的不正常操作而造成人身伤害。

6. 充电注意事项

(1)车辆充电前,请全面检查充电线外观有无损伤,防止漏电等现象发生。大雨天时,请勿在无遮盖区域进行充电。

(2) 禁止在车辆充电未结束之前,强行拔掉充电枪,充电卡采取单次计费,单次启动,单次结算。使用非充电桩充电,请检查插座是否为 16 A 插座,并确认连接在空调插座上,以防引起安全问题。

(3) 车辆充电线两端的充电枪弧度不同,弧度较大端充电枪为连接纯电动汽车端,弧度较小端为连接充电桩端。

(4) 充电先后顺序,应先将充电枪与纯电动汽车连接后,再进行充电枪与充电桩连接。断电先后顺序,应先将充电枪与充电桩断开,之后再将充电枪与汽车连接断开。充电枪拔插时,应正对充电口,按住黄色按钮,合理用力。充电启动后,人体应尽量避免与充电线和充电桩接触。充电时要做好安全工作,以防其他人员等触碰充电线与充电桩。充电结束后,应将充电线收回,充电枪头用盖子盖好,放入后备厢。

任务 6.2　电动汽车选购

【知识目标】

1. 认识电动汽车的 EV-IQS。
2. 了解电动汽车的常见品牌。

【能力目标】

1. 能够掌握电动汽车四大构件的作用。
2. 能够简述电动汽车选购技巧。

【任务引入】

近年来,随着国家对于电动汽车的政策和补贴支持,也使得许多人开始购买电动汽车。如今,电动汽车品牌众多,每个车型都有着差别,那么购买电动汽车需要注意什么呢?电动汽车的选购可以从以下方面考虑。

【任务实施】

6.2.1　电动汽车消费者质量满意指数

我国的电动汽车产业面临政策补贴退坡、基础设施不完善、商业模式不明朗等一系列问题。与此同时,用户对电动汽车产品自身的性能和质量也越来越关注。在此背景下,建立一套适用于电动汽车产业的消费者质量满意体系势在必行,一来满足消费者的关切,二来可以指导产业的正向开发。EV-IQS 指电动汽车消费者质量满意指数。不同级别电动汽车的EV-IQS 指数表现不尽相同,豪华电动汽车的表现明显好于其他级别。但豪华电动汽车的表现主要得益于外观、内饰、舒适性等方面,而与电动汽车属性高度相关的充电便利性、能耗、信息交互方面并没有明显优势。此外,低端电动汽车的表现好于中端电动汽车,这主要得益于低端电动汽车车主的期望较低。在豪华电动汽车市场,特斯拉 Model S 的 EV-IQS 指数为 893,质量表现排名第一,远高于市场平均水平。

6.2.2　电动汽车品牌

一般情况下,名牌产品都有很长的经营时间,并且在开发设计、零部件配置、生产过程、售后服务等方面都形成了一套成熟的质量控制体系,质量稳定可靠、信誉程度高、售后有保证。常见的电动汽车品牌有特斯拉、比亚迪、丰田、日产途乐、宝马、大众、雪佛兰、奔驰、雷克萨斯、北京汽车等。2017年,电动汽车车型排行靠前的是特斯拉Model S(美国)、特斯拉Roadster(美国)、比亚迪e6(中国)、宝马ActiveE(德国)。下面简要介绍排名靠前的几大车型。

特斯拉一出生便拥有了Elon Musk的天才和执着的基因,特斯拉Model S在市场上掀起了一股不小的动静,而特斯拉豪华电动汽车也被媒体称为电动汽车中的又一个"苹果",果真如此,特斯拉Model S车型的续驶里程达300 mile(483 km),价格也在5万~6万美元,特斯拉Model S为目前为止全球最火爆的电动汽车,如图6-18所示。

特斯拉Roadster(见图6-19)是第一辆使用锂电池技术每次充电能够行驶320 km以上的电动汽车。该项世界纪录(501 km)也是由Roadster在2009年10月27日澳洲举办的Global Green Challenge上创立的。根据美国环境保护局的独立分析,特斯拉Roadster每单次充电可行驶393 km,0至60 mile/h(0至97 km/h)的加速时间仅为3.7 s。根据2008年9月的报道,Roadster每公里耗电量为0.135千瓦时,效率高达92%。Roadster的美国最低售价为109000美元。在英国的最低售价为86950英镑,在欧洲其他国家的最低售价为84000欧元。身为电动汽车,Roadster在欧洲也有资格享有政府补贴。

图6-18 特斯拉Model S

图6-19 特斯拉Roadster

比亚迪e6以良好的性能和出众的品质,获得了很多人的认可。电力驱动是e6最大的特点。在全功率下,e6的0~100 km/h的时间少于10 s,最高时速被限定在140 km,在驾驶感受方面完全可以和传统汽车媲美。e6单次充电综合行驶里程可达300 km,是目前世界上续驶里程最长的纯电动汽车,百公里耗电量为21.5千瓦时,相比传统能源汽车可以节省近60%的使用费用。该车的官方指导价为:36.98万元~39.98万元,如图6-20所示。

图6-20 比亚迪e6

6.2.3 电动汽车车型

目前电动汽车大体分为豪华型和轻便型两种,消费者应该根据自己的使用需求选择适合的车型,而不是盲目追求外观等。目前国产电动汽车可以享受国家补贴,例如:吉利新能源汽车、比亚迪汽车、北汽新能源汽车都是可以享受到国家补贴的。目前主流的电动汽车主要分微型电动汽车和紧凑型电动汽车。微型电动汽车空间比较小,适合代步,不适合家用。例如:知豆D2、众泰E200、奔奔EV等。紧凑型电动汽车基本都是三厢车,适合家用和商务。例如:帝豪EV300、比亚迪秦EV300、北汽新能源EU400、逸动EV等。这里需要注意的是国家补贴是根据续驶里程来定的:100 km～150 km补贴2万,150 km～250 km补贴3.6万,续驶里程大于250 km的补贴4.4万。

6.2.4 电动汽车配置

电动汽车是否经久耐用、安全经济与它的四大构成部件有着极为紧密的联系,因此,消费者在选购时,一定要对其配置进行精心选择。

1. 电池(电动汽车的"心脏")

电池作为电动汽车的"心脏",对消费者来说,选购时一定要谨慎,因为电池的好坏也直接影响到电动机、充电器、控制器等其他"器官"的运转:首先得看蓄电池的生产商是否有实力,产品是否过硬;其次要注意蓄电池的使用寿命。不同的电容量、功率、行驶距离使电动汽车在价格上相差2到3倍。所以在购买时,要搞清楚所买电动汽车的电池参数。正常情况下,48伏20安的电动汽车电池比36伏10安的充满电后一次性行驶的路程要长,一般来说,电池的电容量、功率越大,价格相应越高。电池容量越大,车辆的行驶里程也就越长。同时要问清楚电动汽车的保修期与具体保修内容。商家一般都承诺电池保修一年,但商家所说的保"一年"是分时段计的:一般指购买之日起,六个月内发生质量问题更换新电池,六个月到一年更换旧的维护电池,使用一年后发生问题商家概不负责。因此,消费者在购买电动车的时候要和商家协商好电池的具体保修时段和相应的内容,并在保修卡上注明,以免产生消费纠纷。

2. 充电器(不可或缺的绿叶)

充电器质量的好坏直接关系到电池寿命的长短,甚至部分劣质充电器还会导致电池充变形。在选择充电器时,一定要注意选择正规厂商的充电器,并且做到充电器生产厂商与电池生产厂家一致,这样即使发生故障,也能够找到相应的厂商修理或者退换。

3. 电动机(电动汽车运行的主心骨)

电动机是电动汽车完成启动和加速等功能的关键,并且电动机效率的高低将直接导致电池寿命的长短。基于电动汽车的特点,对所采用的电动机也有较高的要求。为了提升最高时速,电动机应有较高的瞬时功率和功率密度(W/kg);为了增加一次充电行驶距离,电动机应有较高的效率;而且电动汽车是变速工作的,所以电动机应有较高的高低速综合效率;此外要有很强的过载能力、大的启动转矩、转矩响应要快。电动汽车启动和爬坡时速度较低,但要求力矩较大;正常运行时需要的力矩较小,而速度很高。低速时为恒转矩特性,高速时为恒功率特性,且电动机的运行速度范围应该较宽。另外,电动机还应具备坚固、可靠的性能,有一定的防尘防水能力,且成本不能过高。

目前,从已成熟的电动机技术来看,开关磁阻电动机在各个技术特性方面似乎更符合电动汽车的使用需要,但尚未得到普及。永磁同步电动机应用较广泛,如起亚 K5 混动、荣威 E50、腾势、北汽 EU260 等。特斯拉 Model X、Model S 均采用异步电动机。此外,如果按电流类型划分还可分为直流电动机和交流电动机两种。通过表 6-4,我们可以先大致了解一下四种较为典型的电动机的特性。

表 6-4　四种常见电动机性能比较

性能及类型	直流电动机	异步电动机	永磁同步电动机	开关磁阻电动机
转速范围/(r/min)	4000～6000	12000～20000	4000～10000	>15000
功率密度	低	中	高	较高
质量	重	中	轻	轻
体积	大	中	小	小
可靠性	差	好	一般	好
结构坚固性	差	好	好	好
控制器成本	低	高	高	一般

4. 电动机控制器(电动汽车的"大脑")

从外部看,一般的电动机控制器最少具备两对高压接口。其中一对为输入接口,用于连接动力电池包的高压接口;另外一对是高压输出接口,连接电动机,提供控制电源。至少应具备一个低压接口,所有通信、传感器、低压电源等都要通过这个低压接口引出,连接到整车控制器和动力电池管理系统。

图 6-21 是一个典型的纯电动汽车动力系统电气图,其中包括低压通信线和高压动力线。最右侧第一列第二个是电动机控制器。与电动机控制器有强电连接关系的部件是电动机和动力电池包;电动机控制器连接到整车的 CAN 总线上,可以与整车控制器、数字仪表板、动力电池管理系统通信,交换数据和接受指令。

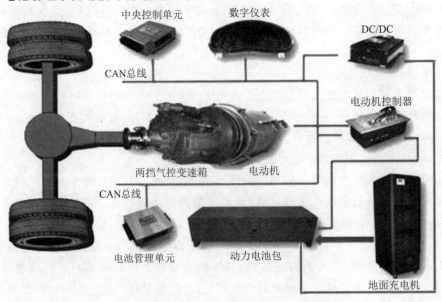

图 6-21　纯电动汽车动力系统电气图

整车控制器一方面体现驾驶员意图,另一方面从安全和车辆电气系统运行状态出发,评估驾驶员的响应是否合理,最后执行或打折执行。驾驶员的意图通过加速踏板和制动踏板表达并传递给整车控制器。整车控制器给到电动机控制器的具体指令,与动力系统相关的有以下几种:加速,减速,制动,停车。电动机控制器做出的响应为改变电源电流、电压、频率等参数,使得电动机的运行状态符合整车控制器的需要。

电动机控制器自身是一套闭环控制系统,可以调节目标参数,检测受控函数值是否达到预期。若不相符,反馈给控制器,再次调整目标参数。经过反复的闭环反馈,实现高精确度的控制。整车控制器采集车速传感器,各个电气部件的温度、电压等重要状态参数,判断整车的综合情况是否符合驾驶员提出的需求,同时不妨碍整个系统的健康状况。这个过程是整车层面的闭环控制。

电动机控制器系统由中央控制模块、功率模块、驱动控制模块和各种传感器构成,如图6-22所示。

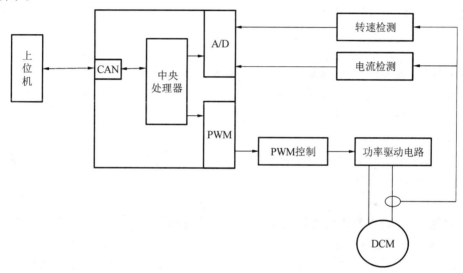

图 6-22 电动机控制器系统

(1)中央控制模块。

中央控制模块包括 PWM 波生成电路,复位电路,传感器信号处理电路,交互电路。通过中央控制模块对外接口,可以得到整车上其他部件的指令和状态信息。通过中央控制模块对内接口,可把翻译过的指令传递给逆变器驱动电路,并检测控制效果。

(2)功率模块。

电动机控制器的主题是一部逆变器,对电动机电流电压进行控制。经常选用的功率器件主要有 MOSFET、GTO、IGBT 等。

(3)驱动控制模块。

将中央控制模块的指令转换成对逆变器中可控硅的通断指令,并作为保护装置,具备过压、过流等故障的监测保护功能。

(4)传感器。

电动机控制器系统应用到的传感器包括电流传感器、电压传感器、温度传感器、电动机转轴角位置传感器等(可根据设计要求增减)。

电动汽车电动机和控制器有如下国家标准:

①GB/T 18488.1—2015《电动汽车用驱动电机系统第1部分:技术条件》;

②GB/T 18488.2—2015《电动汽车用驱动电机系统第 2 部分：试验方法》。

标准里主要针对安全性和耐环境性提出了具体要求，比如各部分的绝缘性耐压性能以及各种耐环境性。电动机的技术参数，作为验证项目，只要符合厂家自己的声明即可。

目前，电动机控制器的领先技术依然掌握在国外厂商的手中。

博世集团、大陆集团、日本丰田、日产、日立，都有自己的代表性产品。电动机控制器向集成化方向发展，最高功率密度已经提高到 60 kW/L，新的电力电子器件比如 SiC，已经在新产品中得到了应用。

6.2.5 其他配置

1. 汽车空调

电动汽车的空调系统必须要认真检查，因为电动汽车的空调功率太大，会直接影响续驶里程，这也是很多人买了电动汽车以后，发觉续驶里程严重缩水的原因，因此买车的时候一定要充分试驾。

2. 汽车底盘

电动汽车的离地距离必须高一些，如果离地距离很小的话，那么电动汽车的电池很可能会受到损坏，比如下雨的时候雨水侵蚀电池，这点大家一定要注意，另外底盘的位置要仔细检查，看一下电池的实际离地距离。

3. 整车技术指标

整车技术指标主要有车速、续驶里程、百公里耗电、电动机功率、充电器和控制器的技术参数、电池的品种和特性等。

4. 充电时间

电动汽车的电池能量放完之后，是需要通过电能进行充电的，而充电的时间跟电池的容量、充电的电流密切相关。比如一个 200 Ah 的电池，使用 40 A 电流进行充电，理论上 5 个小时就能充满。但实际上锂电池的充电过程是很复杂的，因为锂电池充电是需要下限制电压的，也就是在恒定的电流充到一定电压后，就要以一定的限制电压充电到一个恒定电流的过程。

当然，另外一种衡量标准就是充电桩的输出功率，比如特斯拉的超级充电桩最大输出功率可到 145 kW，也就是说它一个小时就能充满 145 kWh 的电池，第三代超级充电桩甚至要让最大输出功率达到 350 kW。

不过，充电过程中消费者往往都只是看结果，对于看不见的电流与电压的变化，日常使用中并不会在意。所以，对于充电时间这一指标来说，消费者只需要关心用多长时间可以充满一台车，或者用多长时间可以充满 80% 的电量即可，不用太过于纠结充电设备的指标参数。但有一点需要提醒的是，充电设备的输出功率与电路网络会有很强的关联，如果电路网络是民用的普通线路，安装大功率充电设备需要根据专业人员的建议进行操作。

6.2.6 电动汽车售后服务

在购买电动汽车时一定要注意了解该产品是否在本地区拥有售后服务点，离工作和生活地点的距离以及在服务质量、信誉方面的口碑如何。例如，特斯拉目前采用直营模式，在全国有 9 个体验中心和服务中心，分别分布在 6 个城市，其中包括北京、上海、杭州、深圳、成都、西安。可以为客户提供试驾、订车、交付及售后等一体化服务。特斯拉 Model S 的整车质保是4年或8万公里,电池组质保期为8年或16万公里。车主只需要定时进行四轮定位、更换空调滤芯等基础保养项目。电池组在使用过程中是不需要进行任何保养的。宝马在质量保证期内,车主可根据宝马新车保修的相应条款,享受到由宝马授权售后服务中心提供的优质而完善的新车保修服务。例如,修正与材料质量和制造工艺有关的车辆缺陷及相关的拖车服务等。车主只需对车辆进行定期的、正确的保养,这将让车主的权益得到最大程度的保证。东风日产的"e享无忧"售后服务,其中包括购车无忧、充电无忧、出行无忧和乐享无忧。购车无忧:包括优先绿色金融通道、EV专属保险等政策。充电无忧:包括购车送1万元充电设施补贴(2014年内)、充电桩上门安装等服务,同时还有量身定制专属APP,可以实时查询附近充电桩信息并选择最佳充电方案。出行无忧:包括"自由1+1"车辆代步服务,用户如果需要长途出行,可以到专营店换一台汽油车短期代步使用,同时,晨风还会享受24小时道路救援服务。乐享无忧:晨风提供6个月/10000公里维修保养,5年/10万公里的保修政策,并提供5年后的保值回购服务。

任务6.3 电动汽车日常维护

【知识目标】

1. 了解纯电动汽车的行车技巧。
2. 了解纯电动汽车的保养方法。
3. 掌握蓄电池的维护方法。

【能力目标】

1. 能够熟悉电动汽车的日常维护项目。
2. 能够简述电动汽车的节能技巧。

【任务引入】

近年来,随着新能源汽车的慢慢兴起,购买新能源电动汽车的人也在逐渐增加,而相较于燃油汽车的保养来说,对于电动汽车保养方面,相信大部分车主还不熟悉。那么,电动汽车的日常保养有哪些?电动汽车日常需要如何保养呢?下面就一起来看看吧!

【任务实施】

6.3.1 电动汽车的行车技巧

1. 尽量多使用经济车速

电动汽车其实和汽油车一样,也有最经济的行驶速度。一般厂商配置表中给出的最大续驶里程就是在相对经济的时速下,保持匀速跑出的。驾驶时让电动汽车尽量保持在经济时速的范围内,能够有效延长续驶里程。大部分电动汽车的经济车速范围是40~90 km/h,相对于拥堵路况时的低速行驶,高速行驶会大幅加快电量的消耗。

2. 不轻易急加速和急刹车

当然,在城市路况中很难保持车子的匀速行驶,随着红绿灯的变换以及车流的状态频繁加减速才是常态。在这样的前提下,如何将车子开得顺畅平稳决定了你的平均电耗。除非十分必要,尽量不要大脚油门急加速,瞬间的速度提升将使电耗上升。同时,对于前车状态的准确预判能够帮助你将车子开得更加流畅,用不踩油门的方式滑行减速,绝对比猛地刹车经济,有限的电能应该尽量转化为车子的动能,而不是刹车系统的热量。与前车在纵向上保持一定的角度,做到能够观察到前面两三辆车的状态,帮助你做出更加合理的预判。

3. 合理使用能量回收系统

目前在售的主流电动汽车均装配有动能回收系统,通过这个系统,我们会将车辆滑行时的多余动能转化为电能回充到电池中。在该系统工作时,车辆会产生一定程度的拖拽感,不同品牌车型的动能回收力度不同,造成的减速力也不同。这就需要驾驶员尽快熟悉自身车辆动能回收系统的特性,在保证安全的情况下用动能回收系统的制动力来代替刹车将使经济性显著提高。

4. 减少不必要的车内物品

说到车重对于电耗的影响,其实并不十分明显。在车辆高速行驶时,能耗主要是克服空气阻力,由于车重增加带来的摩擦力增加并不会使电耗显著上升。但在起步加速过程中,如果负载较重确实会增加电耗,从而影响车辆的续驶里程。有许多人把电动汽车当作自己的第二个家,车里常常备有各种不常用到的物品,这不仅使车辆的载重增加,在突发情况来临时,车内的杂物还有可能会对人造成不必要的伤害。因此保持车内整齐,不携带多余物品才是用车的良好习惯。

6.3.2 电动汽车的日常保养

1. 外观检查

外观检查和燃油车大致相仿,车身、大灯、胎压等。电动汽车还需要检查充电插口,查看充电插口里的插头是否松动、橡胶圈接触面是否有氧化、损坏的现象。如果插口发生氧化会导致插头发热,发热时间过长会引起插头短路或接触不良,对充电枪和车内充电器造成损害。

2. 车身漆面保养

电动汽车和内燃机汽车一样需要保养,只是保养内容和保养方法不同而已。春天,雨水变得较多,雨水中的酸性物质会损害汽车漆面,应该养成雨后洗车打蜡的好习惯。最好能给车进行一次漆面美容。封釉后车漆的亮度与硬度都会有很大的改善,汽车能够焕然一新。

3. 正确掌握充电时间

提出新车后必须及时补充电能,使电池保持在充满状态。在使用过程中,要根据实际情况,参考平时的使用频率及行驶里程,合理把握充电时间。正常行驶时,如果电量表指示红灯和黄灯亮了,就应该去充电,如果只剩下红灯亮,应停止运行,尽快充电,过度放电会缩短电池寿命。充电时间不宜过长,否则会形成过度充电,使车辆电池发热。过度充电、过度放电和充电不足都会缩短电池的使用寿命。在充电过程中,电池温度超过 65℃,应停止充电。

4. 机舱检查

电动汽车线路更多,需要特别检查一些插口接头以及线路绝缘的防护情况。

5. 底盘检查

电动汽车的动力电池基本都布局在车辆底盘处,所以保养时会对动力电池护板、悬挂部件、半轴密封套等做保养、紧固和检查工作。

6. 更换齿轮油

绝大多数电动汽车都配有一个单速的变速箱,所以还需要更换齿轮油,来保证齿轮组和驱动电动机在工作时的正常润滑。一种说法是电动汽车需要定期更换齿轮油,也有说车辆行驶到一定里程时才需更换。将旧齿轮油放干净后,再加注新油,电动汽车的齿轮油和传统燃油车差别不大。

7. 刹车油、防冻液

由于电动汽车没有发动机,所以不牵扯机油、机油滤清器这些,需要注意的是刹车油和防冻液。如果没有渗漏现象,刹车油和防冻液按照厂家规定的周期更换即可,与燃油车差别不大。

8. "三电系统"检查

电动汽车保养时,需要对车辆做一个全方位的检查。包括:电池组的情况、电池电压、SOC 电量、电池温度、CAN 总线通信状态等,基本无须更换易损件。现在有不少厂家支持对车载互联网系统的迭代更新,一旦有新版本,车主也可以要求升级车辆软件。

如果车辆出现续驶里程断崖式下降的情况,也可以利用专业均衡仪对动力电池组内的电芯进行均衡处理,但各厂家的具体评判标准不尽相同,另鉴于均衡处理成本较大,具体到执行层面会出现拖延、落实不到位等问题。

9. 空调保养

在春季来临之时,需要对汽车空调进行清洁或者是更换灰尘过滤器。如果灰尘过滤器使用的时间并不长,只需使用高压气将其吹干净即可,如果灰尘过滤器已经堵塞,就需要更换灰尘过滤器。

10. 保护好充电器

新能源汽车使用说明书上都有关于保护充电器的说明。很多用户没有认真阅读说明书的习惯,往往出了问题才想起找说明书看。另外,需要注意的就是充电时要保持充电器的通风,否则既影响充电器的寿命,还可能发生热漂移影响充电,对电池形成损伤。

11. 定期深放电

电池定期进行一次深放电有利于"活化"电池,此举可以略微提升电池的容量。电池经过第一次欠压保护之后,经过一段时间后电压还会上升,又恢复到非欠压状态,这时候如果再使用电池,对电池的伤害很大。在完成完全放电之后,对电池进行完全充电,会感觉电池容量有所提升。

12. 保持电能充足

新能源汽车在日常使用中,要保持电池的足电状态,还应控制好车速,最佳行驶里程为最长行驶里程的 1/3～2/3。如果每天行驶 10 km～20 km,最好每两天补充一次电能;如日行驶大于 50 km,应该当天就补充电能,使电池长期处于"吃饱状态"。用完了闲置几天再充电,极易出现硫化,会使电池容量下降。

13. 避免充电时插头发热

电源插头或充电器输出插头松动、接触面氧化等现象都会导致插头发热,发热时间过长会使插头短路或接触不良,损害充电器和电瓶,带来不必要的损失。当发现上述情况时,应及时清除氧化物或更换接插件。

14. 严禁存放时亏电

车辆蓄电池在存放时严禁处于亏电状态。亏电状态是指电池使用后没有及时充电,在亏电状态下存放电池,很容易出现硫化现象,硫酸铅结晶物附着在极板上,会堵塞电离子通道,造成充电不足,电池容量下降。新能源汽车的电池需充足电后储存,并每月补充电能一次,保持电池健康状态,避免长期亏电导致电池极板硫化,车辆闲置时间越长,电池损坏越严重。

15. 避免大电流放电

新能源汽车在起步时,要均匀加速,尽量避免猛踩油门,形成瞬间大电流放电。大电流放电容易导致硫酸铅结晶,进而损害电池极板的物理性能。蓄电池不能放置在密封的容器内,不要接近明火,不要将蓄电池抛入火中或浸没在水中,严禁在阳光下暴晒。停车时一定要关闭车内的所有电源。

16. 电动汽车的清洗

电动汽车的清洗应按照正常洗车方法进行,清洗过程中要注意避免水流入车内的充电插座,避免车身线路短路。出现下列情况时,将引起油漆层的剥落或导致车身和零部件腐蚀,应马上清洗车辆。

(1)在沿海公路行驶时。

(2)在撒有大粒咸盐(融化冰雪)的路面上行驶时。

(3)沾有油脂等杂物时。

(4)在空气里含有大量灰尘、铁屑或化学物质的地区行驶时。

17. 电动汽车的手工清洗方法

(1)待车身温度降至40℃以下。

(2)用水管将松动的脏物冲掉。

(3)用中性洗车剂清洗车辆,用软布浸上清洁液,不要用过大的力气和过于粗糙的东西去擦车,以免损坏汽车油漆面。

18. 电动汽车放置环境

电动汽车严禁在阳光下暴晒。温度过高的环境会使电池内部压力增加而使电池失水,引发电池活性下降,加速电池电极板老化。

6.3.3 电动汽车的节能技巧

1. 少踩刹车缓加速

驾驶员在驾驶电动汽车时应选择低速起步,慢慢加速,既能达到节能效果,也能避免对乘客造成危险。行车时遇到交通信号灯、路口或复杂路况时提前轻踩制动踏板,轻踩制动踏板时主要是电制动起作用,能将整车制动能量回收进入电池,从而达到大幅节能的效果。行驶过程中一定要避免紧急刹车,否则会大大增加整车能耗。

2. 快松加速踏板用滑行

电动汽车一般具有传统车无法实现的"能量回收"性能,加速结束后快速抬起加速踏板,这样在不浪费能量的同时还会对能量进行回收,给电池充电,进而增加整车续驶里程。

3. 匀速行驶和控制车速

当车辆变速行驶时,因重复加速或减速,电量下降明显,因此在车辆行进中,应尽量保持匀速行驶。超过经济时速时,速度越快电量下降越快,所以最好将车速控制在合理范围内。

4. 合理使用空调

纯电动客车一般都做了整车隔热保暖措施。一般情况下,夏季空调设定到制冷模式26℃、冬季空调设定到制热模式18℃、风速设定为自动风,能够满足车内制冷和制热的需求。如果空调温度设定不合理,则会对整车电耗和续驶里程产生较大影响。

6.3.4 蓄电池维护

1. 蓄电池状态指示器

蓄电池设计为免维护蓄电池,所以不必要添加溶液。在蓄电池顶部有一个蓄电池状态指示器如图 6-23 所示。定期检查指示器以确定蓄电池状态。当指示器显示为:

绿色——蓄电池充电状态良好;

黑色(变为黑色)——蓄电池需要进行充电;

透明(或浅黄色)——必须更换蓄电池。请勿对蓄电池进行充电操作,或当蓄电池处于该状态时启动整车电气系统。

如果指示器显示为透明或黄色,用螺丝刀拍打指示器排除气泡,如果指示器颜色未发生变化,必须更换蓄电池。

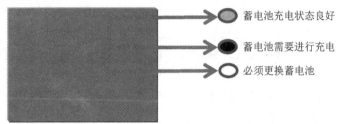

图 6-23 蓄电池状态指示器

注意:如果需要,应清洗蓄电池顶部以确保可以良好观察状态指示器。如果自然光不足,请勿使用火把。

2. 蓄电池安全

蓄电池中含有硫酸,具有腐蚀性和毒性。

(1)如果泼溅在衣服上或皮肤上,应立刻脱下被污染的衣服,用大量清水冲洗皮肤,并立刻就医。

(2)如果溅入眼睛里,应立刻用清水冲洗至少 15 分钟,并马上就医。

(3)吞食蓄电池酸液是致命的,应该立刻采取措施,马上就医。

注意:在前机舱进行工作前,请取下戴在手腕上的金属饰物和珠宝。

3. 蓄电池断开拆卸与更换

(1)蓄电池的拆卸。

①在断开或拆卸蓄电池之前,消除警报器。确保启动开关和关闭其他电器部件。

②首先断开负极("-")连线,然后是正极("+")连线(当重新连接时,首先连接正极连线然后连接负极连线)。

③松开固定蓄电池压板的限位螺栓,取出蓄电池压板。

④使用提起手柄(如果安装)从汽车中提起蓄电池。

注意:不允许蓄电池端子或导线接触到工具和车上的金属部件。

警告:

①请勿将蓄电池的电极颠倒,如果蓄电池的电极接反可能会损坏电气系统。

②请始终保持蓄电池竖直摆放,如果蓄电池倾斜超过 45°可能会造成损坏。

③当蓄电池断开时,请勿启动电动机;当电动机运转时,请勿断开蓄电池。

(2)蓄电池的更换。

只能配置相同型号的蓄电池并与原规格相符。其他的蓄电池可能在尺寸上不符或接线端位置不同,甚至会导致蓄电池的损坏、漏液或起火。

在更换时,应确保蓄电池安装正确,接线端柱面朝车辆右边。确保蓄电池托盘和压板被安全固定;防止蓄电池在紧急停车中移动。

4.蓄电池充电

当蓄电池用旧了,它也许不能保持新蓄电池那样的充电效率。汽车使用频次低或经常短时间启动,或在寒冷的环境下运转,蓄电池需要进行有规律性的充电。

注意:当蓄电池与车辆相连时,请勿对蓄电池进行充电,这可能严重损坏车辆的电气系统;如果蓄电池状态指示器显示为透明或浅黄色,请勿尝试对蓄电池进行充电;如果蓄电池被冻住了,请勿尝试对蓄电池进行充电。

在充电前,应检查蓄电池的状态。在充电时,蓄电池会产生酸性挥发气体,并且会产生致人损伤的电流。所以在对蓄电池充电时,应注意以下事项:

(1)在充电前,从车上断开接线柱并拆卸蓄电池,对已连接好导线的蓄电池充电会损坏汽车的电气系统。

(2)在打开充电器开关前,应确认蓄电池充电器导线安全地夹在蓄电池的接线柱上,一旦充电器开启,就不能移动导线。

(3)在充电时,注意保护眼睛,或避免俯身在蓄电池之上。

(4)保持蓄电池顶部的四周空间有良好的通风,避免蓄电池附近有强光(蓄电池在充电前后会产生易燃的氢气),当蓄电池状态指示器显示为绿色时,继续对蓄电池充电将导致过量充电。

(5)当充电结束时,从蓄电池接线端处脱开导线前,应关闭蓄电池充电器。

注意:在寒冷的环境中,蓄电池充电的时间会更长一些。充电之后,把蓄电池再次接到汽车上之前,应将蓄电池放置1小时——这段时间是为了消散易燃性的气体,将电池着火和爆炸的危险降至最低。

习　题

1.电动汽车仪表盘上有哪些指示?
2.电动汽车如何起步?
3.驾驶电动汽车时的注意事项有哪些?
4.该如何选择电动汽车四大构件?
5.常见的电动汽车选购参数有哪些?
6.电池充电时有哪些注意事项?
7.如何延长电池的使用寿命?

参 考 文 献

[1] 谭婷. 走进新能源汽车[M]. 北京:科学技术文献出版社,2018.
[2] 何泽刚. 新能源汽车认知与使用安全[M]. 北京:机械工业出版社,2018.
[3] 赵金国,李治国. 新能源汽车高压安全与防护[M]. 北京:人民交通出版社,2017.
[4] 孙旭. 新能源汽车概论[M]. 北京:机械工业出版社,2018.
[5] 崔胜民. 新能源汽车概论[M]. 2版. 北京:北京大学出版社,2015.
[6] 徐艳民. 电动汽车动力电池及电池管理[M]. 北京:机械工业出版社,2014.
[7] 景力平,罗雪虎,高磊. 走进新能源汽车[M]. 北京:机械工业出版社,2016.